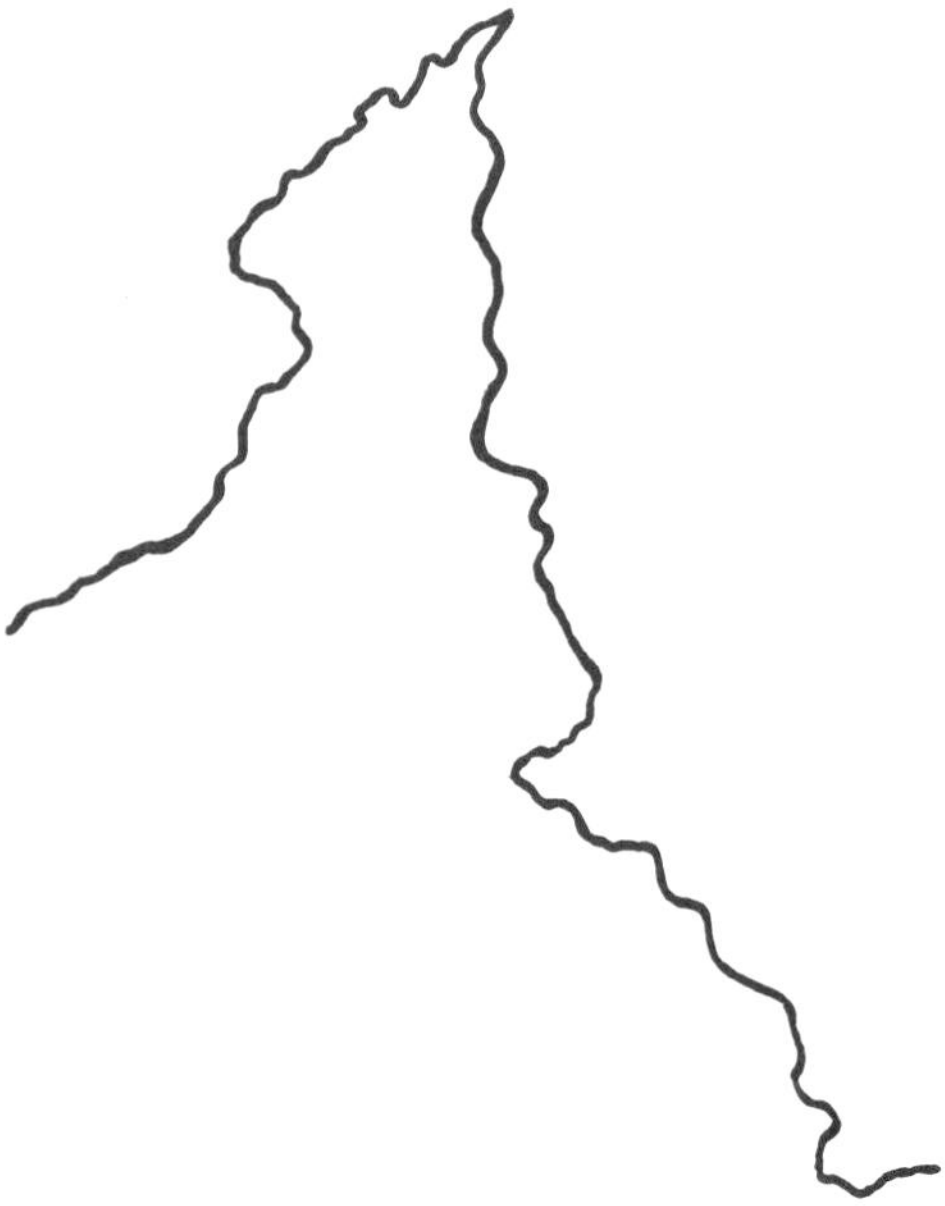

はじめに

あの色、あの匂い、あの音。

山を歩くのは、なんてたのしいのだろう。

山に惹かれたのは、いつからだろう。

裏山のような近くの山もすきだし、アルプスのような遠い山もすき。

気軽に行ける日帰りの山歩きも、奥深い山を数日かけて歩くのもすき。

若葉が初々しい早春の山や、高山植物が咲く夏の山もいいし、きれいな絵具をちりばめたような紅葉の山や、葉が落ちて明るくなった冬の山、真っ白で静かな雪の山もいいなあ。

どちらかといえば、家にこもっているほうでした。誘われて山に行ってはじめて、こんな一日があるのかと思いました。あるとき友人と、山登りをやってみようという話になって、それまで間に合わせだった山の道具をそろえました。それが十年前のこと。

それから、初心者が行けそうな山を調べて、低い山から少しずつ標高を上げていきました。なにもかもが手探りで、本や人から教えてもらいながら、いろんな山へ出かけました。

けっこう慎重な性分も、合っていたのかもしれません。自分なりのつきあい方を見つけてから、山がより身近になりました。

子どもの頃住んでいたところには、まわりに田んぼや野っ原がありました。学校から帰るとランドセルを玄関に放りなげて、レンゲ畑で花輪を作ったり、田んぼにいるアマガエルや、用水路のザリガニを捕まえたりしていました。

山を歩いていると、あの感じに似ているなと思います。宿題もやらずに遊んだ頃のように、いっとき今のことをすべて置き去って、山に行きます。

歩きはじめは体が重いし、頭には宿題のこともぼんやりあって、まだ日常をまとっています。でも三十分も過ぎた頃には、山の空気になじんできて、いつのまにか心もふわっと軽くなっているから不思議です。

木漏れ日が射し込む山路に、さらさらと揺れる青葉、歩いているといい匂いがします。レモンとオレンジが混ざったような、かすかにスパイシーな香りのするシラビソの森は、とくにいい香りです。

思いつくなかで一番の気持ちのいい場所、それは私にとって山です。心と体を一回からっぽにする、そういう時間を過ごすところです。だから、山のことを創作につなげないことが、その時間を守ることだと、長いこと思っていました。

作ることは、仕事と休みの日の切り替えがむずかしくて、山での時間はとても貴重だったからです。「ただ、山を歩く」ということを守りたいと思いました。私は山歩きを、感じるだけの時間にしたかったのです。

昨年の冬、吉祥寺にあるキチムというところで、個展をしませんか、とお話をいただきました。でも、山のことから離れて制作のことを考えていたら、ゆきづまってきました。逃れたくて、山へ行きました。個展の日が迫ってきましたが、まだ白紙です。それがつらくて、また山へ行きました。そんなことを繰り返しているうちに、いよいよ八方ふさがりになりました。これはまずいとなってようやく、山のことをやればいいのだ、と気づきました。そう決めたらほっとして、からまった糸がほどけるように、少しずつなにかが見えてきました。私はずいぶんと頑なに、気持ちを堰き止めていたようです。

その個展「山と地図となにか」をきっかけに、本を作りました。

陽に照らされて浮きあがった山のひだに目をこらすように、歩いた山のこと、出会った人のこと、一緒に歩いた人のこと、山であった出来事を振りかえりました。

ささやかな話に、しばしお付き合いいただけたらうれしいです。

目次

山とあめ玉と絵具箱

川原真由美

鈍行電車に乗って

中央線に乗ることが多くなった。前は迷いなく特急あずさを使っていたけれど、最近は鈍行電車にも乗っている。

あずさの揺れに弱いのと、しょっちゅう山へ行く時期は、特急を使うのが贅沢な気がして、なんとなく後ろめたい。ワープしたようにいきなり目的地に着いて、あっという間に帰ってくるのも味気がないし、山で過ごす時間と似合わない気がする。だから時間があるときは、鈍行電車に乗っている。

最寄りの吉祥寺駅から中央線に乗って三十分ちょっと、高尾を過ぎると車窓が緑になる。岩殿山《いわどのさん》が見えたあ

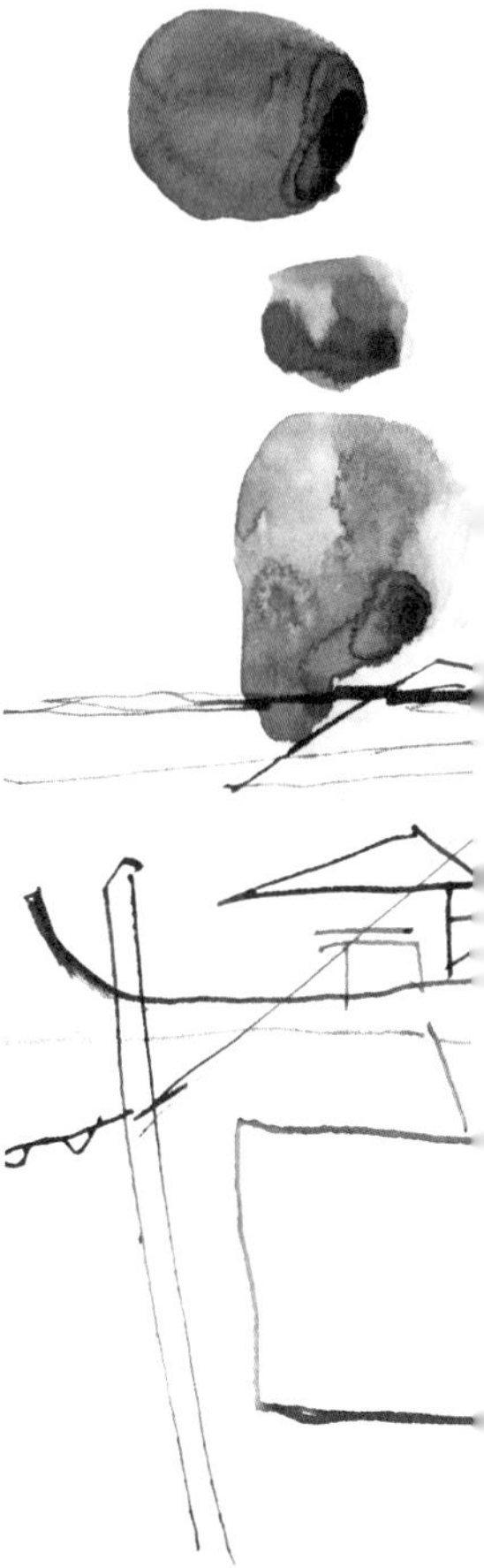

たりからトンネルの数が増えていく。それを抜けたら大《だい》菩薩嶺《ぼさつれい》だ。外を眺めながら、電車からは見えない山を思い浮かべる。

左に富士山が大きく見えてきたら、高い空のあたりに南アルプスが現れる。停車時間の長い駅で、自動開閉のドアを開けて外に出る。清んだ空に白く浮かぶ山並みを、ゆっくりと眺められるのは、鈍行電車の特権だ。

韮崎《にらさき》あたりで、別名ニセ八ツともいわれる茅ヶ岳《かやがたけ》が見えてくる。近くの座席からその山を指して、「ほら八ヶ岳よ」なんて話しているのが聞こえても、けっしてお節介に教えてはならない。もう少ししたら本物が見えてきて、「あら違った、こっちが八ヶ岳じゃない」となるだろうから。

車窓から見える山について話している人は、少なからず山に興味があるのだろう。だからいつか、間違えたほうの山の名前を知るかもしれない。そのとき、あー、私も引っかかっちゃった、だからニセ八ツね、なんていうたのしみを奪ってはならないのだ。

電車は小淵沢《こぶちざわ》の駅に着く。天気のよい日には、キリッとした輪郭の八ヶ岳南峰を見ることができる。線路の反対側は、甲斐駒ヶ岳《かいこまがたけ》が凛々しい。見えないときは、南アルプスに入ってる人は大丈夫だろうかと、雲のなかの様子を思い浮かべる。

ふんわりと桜色に霞み、新緑の濃淡でパッチワークになった春の山、青空とのコントラストが眩しい夏の山、艶やかな色をまとった秋の山、青く灰色がかった静かな冬の山、季節とともにうつろう山肌は、見飽きることがない。

山といえばお椀をひっくり返したような絵を描いていた幼い頃、山に登るというのは、あのお椀のふちを歩くことだと思っていた。たしかに稜線歩きはお椀のふちを歩くようなものだ。でもお椀のなかがこんな世界とは思ってもみなかった。しかもお椀はひとつではなくて、次のお椀につながっていたなんて。

車窓に流れる山を眺めるのは、歩くのと同じくらいたのしい。

北アルプスからの帰りもまた、明るいうちなら松本駅から韮崎あたりまで、鈍行電車に乗る。何日か過ごした山のことを想いながら、窓から見える里山を眺めたり、そこで暮らす人々が乗ったり降りたりするのを見て、服装や会話からその人たちの生活を想像するのがたのしいから。

携帯をいじっている人は少なく、かといって読書しているわけでもなく、なにもせずにぼーっとしたり外を眺めたりする人たち。この電車に乗っている人は、たぶん急いでいない。忙しい人たちは、自家用車で移動しているだろう。

自分の家にいるかのように顔が緩んでくつろいでい

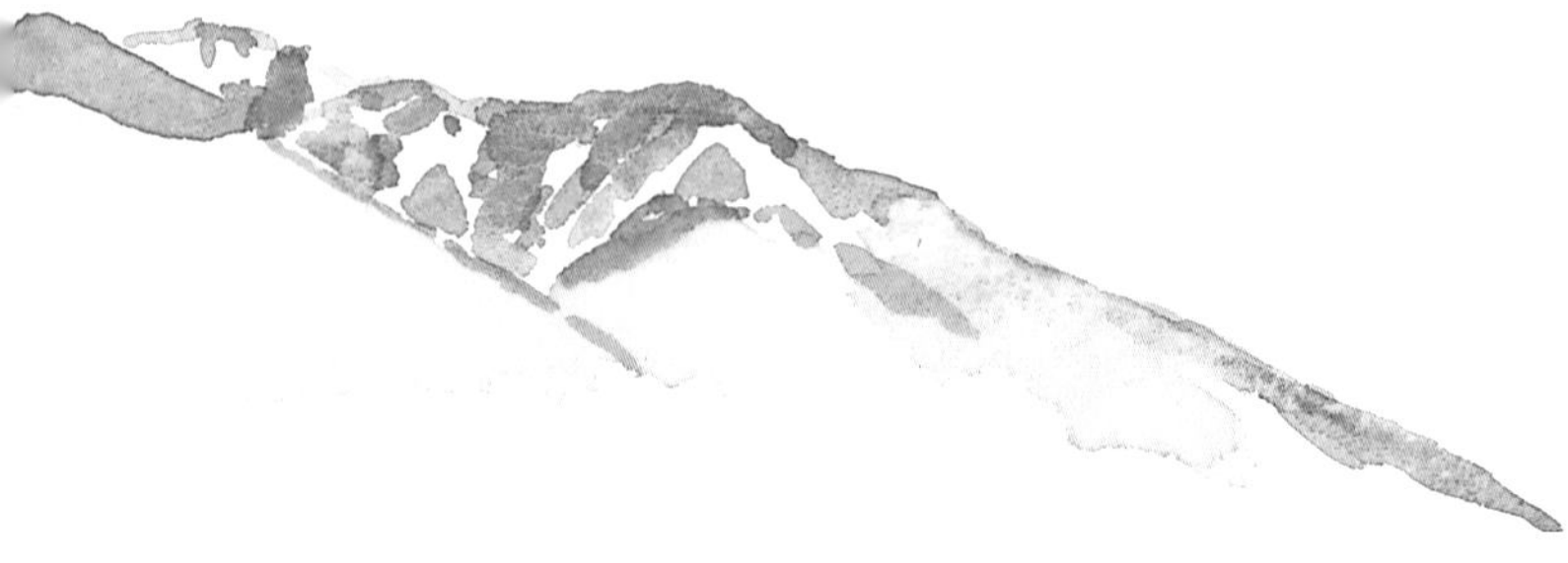

る。よそゆきではないその表情は、東京の電車ではあまり見られない顔つきだ。そんななかにいると、私はよその家にお邪魔しているような気分になる。

帰り着くまでもう少し、山の余韻を味わいたいときは、鈍行電車がちょうどいい。距離の分だけ時間をかけて、体と心を移動させる。

大きい山は遠いところにあったのだから。

三十年前の上高地から

山登りをはじめたのは十年前になる。友人と北アルプスの涸沢《からさわ》へ行った。道がしっかり整備されていて、人がたくさん歩いているから迷うこともない、はじめて間もない私たちでも気をつけて歩けば大丈夫、そう教えてもらった。

登山口の上高地までは何度か行ったことがあって、そこから見える山稜は、憧れというよりも、私にはもっと遠い存在だった。

上高地をはじめて訪れたのは大学時代。朝一番の新宿発のあずさに乗り、松本で上高地線に乗り換えて終点の新島々《しんしましま》駅まで、そこからさらにバスを乗り継いだ。

どれだけ奥地へゆくのだろう。車がギリギリですれ違うほど細い谷合いの曲がりくねった道は、断崖絶壁を通っていて窓から外を見るのも怖かった。三十年前はまだ、道路があまり整ってなくて、そんな険しい道のりだった。

ところがトンネルを抜けるとあたりは一変、真っ白な樹皮に、明るい黄緑の葉をつけた白樺林が、目に飛び込んできた。さっき肝を冷やした、閉ざされた渓谷とは打って変わって、向こうには大正池の湖面が広がり、樹林をぬって射し込んでくる光は、車内をきらき

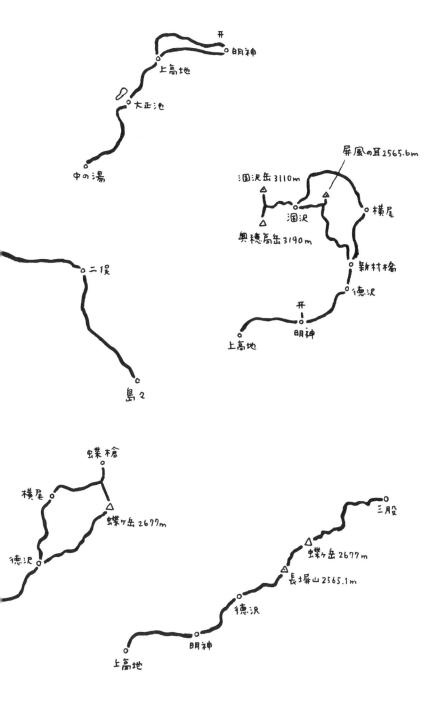

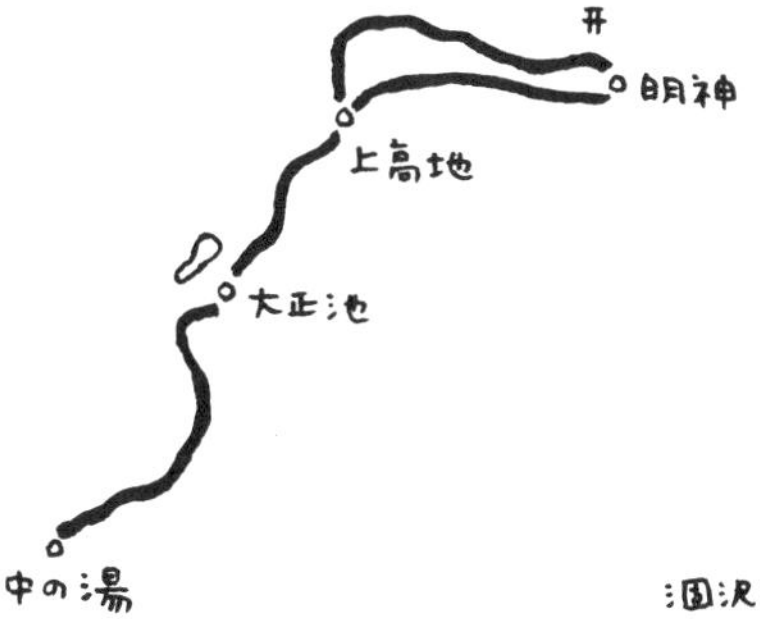
明神
上高地
大正池
中の湯

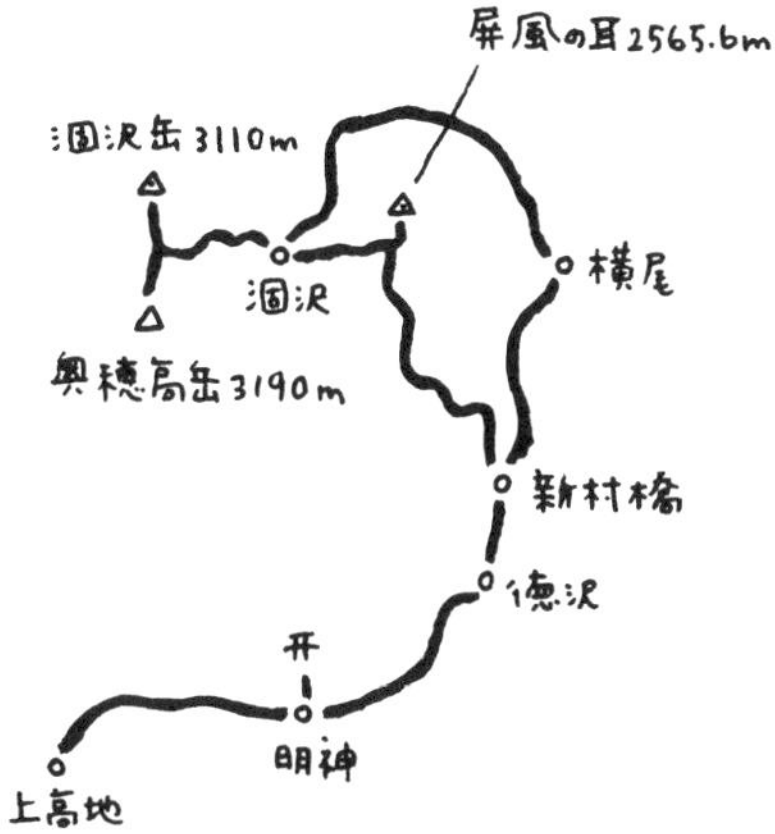
屏風の耳2565.6m
涸沢岳3110m
涸沢
横尾
奥穂高岳3190m
新村橋
徳沢
明神
上高地

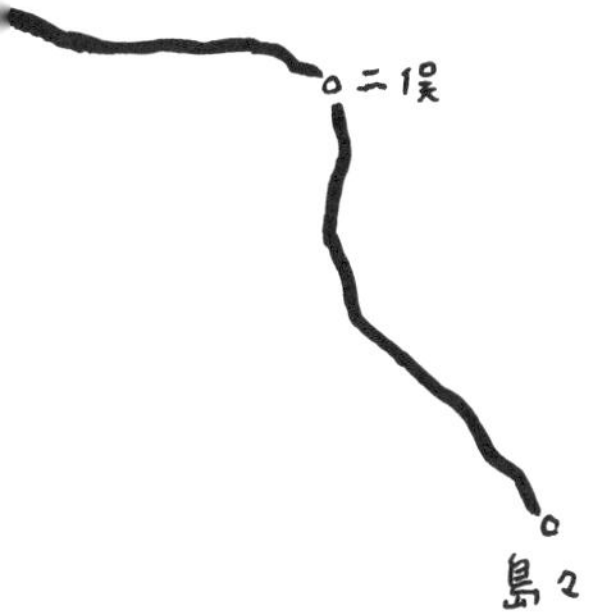
二俣
島々

蝶槍
横尾
蝶ヶ岳2677m
徳沢

三股
蝶ヶ岳2677m
長塀山2565.1m
徳沢
明神
上高地

ブナ立尾根
高瀬ダム
三ッ岳 2844.8m
水晶岳 2986m
野口五郎岳 2924.5m
鷲羽岳 2924.4m
三俣蓮華岳 2841.4m
双六岳 2860.4m
西鎌尾根
槍ヶ岳 3180m
横尾
徳沢
明神
上高地
徳沢
明神
上高地
徳本峠
大正池
上高地

らと照らした。

ほどなくバスは上高地バスターミナルに到着し、梓川《あずさがわ》沿いを歩いて河童橋《かっぱばし》に出た。そのときに見た穂高の山々が忘れられない。日本にもこんなところがあるなんて驚いた。それは写真でしか見たことのない、ヨーロッパのアルプスみたいな風景だった。

ずっと眺めている私たちの横を、大きなザックを背負った人が通り過ぎてゆく。当時は今ほど登山者がいなかったので、ここから先は限られた人だけが踏み入れる場所、そういう厳かな感じがした。私たちは一日中、梓川で水遊びをして、小梨平《こなしだいら》のバンガローに泊まり、次の日は、穂高の山々を眺めながら明神池《みょうじんいけ》まで散歩した。

まさかそんな世界に入れると思いもしなかったので、ナナカマドが赤く染まった涸沢に来たときは、あの穂高にいるんだと、上高地で遊んだ日を懐かしく想った。そして、河童橋のほうを指して、あんな向こうから来たんだねと言いながら、涸沢から見える山々の名前を、地図と照らし合わせて一生懸命に覚えた。

アルプスの懐に入ると、その大きさと自然の強さに怖くなることがある。でもそう感じるほどに、一歩ずつしか進まない小さな歩幅で、いつのまにかこんな遠くまで辿り着いてしまう人間も、すごいなと思う。

山の上の誕生日ケーキ

甲斐大和《かいやまと》駅から上日川峠《かみにっかわ》までは、くねくね道が長く続くので私はいつも緊張する。この日もやはりバスに酔った。友人も辛そうだったので、登山口で少し休んでから、ゆっくりと唐松尾根を登った。

一時間半ほどで雷岩《かみなりいわ》に着いた。平らなところはないけれど見晴らしがよかったので、ちょっと早いけどここでお昼にしようかと聞くと、友人はあたりを眺めてからひと呼吸おいて、山頂まで行こうと言った。

十分ほど歩いて大菩薩嶺の山頂に着き、三人で輪になってお昼を食べた。十一月にしては暖かく、雷岩より風がなかったので、じっとしていても寒くはなかった。

お昼を食べ終わると友人が、デザートを持ってきたから食べようと言う。わあ、いいねと喜んでいたら、どこに忍ばせていたのか、ザックからおもむろにチョコレートケーキを取り出して、細いろうそくを数本立てた。そして火を点けると、ハッピバースデートゥーユーと歌い出した。

私の誕生日が近かったので、山頂でお祝いをしようと目論んでいたらしい。だから雷岩じゃなかったのだ。昨日からこのことを考えて準備をし、車酔いをしてもザックのなかを気遣って、密やかに山の上までケーキを運んでくれたのだ。

彼らの今日の山登りのなかに、この時間が計画されていたかと思うとうれしかった。大菩薩嶺が車酔いの山じゃなくて、誕生日の山になった。

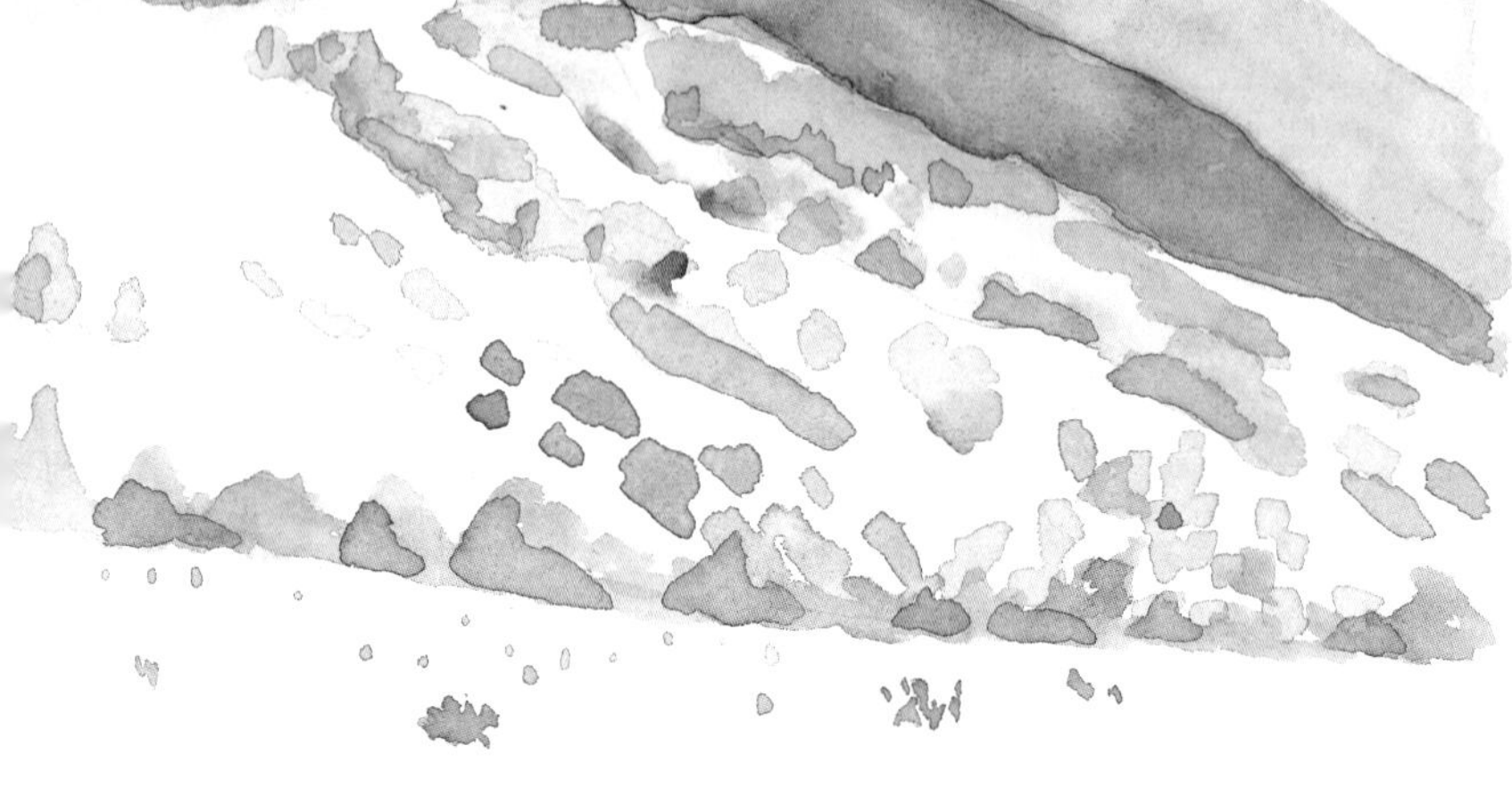

突風と雪の蝶ヶ岳

日帰りだから、時間的には山頂との往復がいいけれど、せっかくの北アルプスだからと欲ばって、歩行時間が十時間近くになる、上高地側へ向かうルートを歩くことにした。

日の出前に三股《みつまた》登山口に着くと、大雨の影響で水が登山道に溢れ出し、真っ暗な闇からは、見えない川がゴーゴーと恐ろしい音を響かせていた。ようやく稜線に出ると強風が吹き荒れて、立って進むことができない。中腰でも体が浮いて吹き飛ばされそうだ。ほふく前進でなんとか蝶ヶ岳《ちょうがたけ》のピークに辿り着き、急いで小屋に逃げ込んだ。この稜線は突風が吹くことで有名らしい。

高い山の経験が少なかった私たちは、七月に入ったばかりの北アルプスにまだ雪が残っていると知らず、急な下りに足をとられ、不明瞭な道に手こずった。おまけに上高地に着く寸前でバケツをひっくり返したような雨に降られ、濡れねずみで最終バスに駆け込んだときは、思わず吹き出してしまった。

そのとき山頂で見たのが、はじめての槍ヶ岳から穂高岳までの全貌だった。

蝶ヶ岳ヒュッテ

テント場さがしの八ヶ岳

テントが欲しくなった。長い縦走になると、小屋代がかさんで懐が心許なくなる。そろそろテントデビューしてみようか。でも初期費用がかかるから、いざやってみてやっぱり続けられないというのも困る。そこで友人にテントを借りて、試してみることにした。

テント泊したいだけだから、山頂に行かなくてもいい。まずはテント生活がどんなものか味わってみよう。

はじめてひとりで歩いた山は八ヶ岳で、渋の湯から高見石を通って天狗岳へ登り、稲子《いなご》湯《ゆ》に下りた。今回もそれにあやかって八ヶ岳に行くことにした。

一日目はあまり歩かずに、早々に幕営してのんびりしたい。それならみどり池あたりがいいかもしれない。登山口の稲子湯から二時間ほどで着くし、日本最高所にある野天風呂、雲上の湯にも入れる。

そう決めたあとも前日まで迷い、結局、電車が小淵沢駅に着いて小海《こうみ》線に乗り換えるまで、地図とにらめっこしていた。なぜそんなに考えていたかというと、はじめてのテント泊をよりよい印象にして、買う方向にもっていきたかったからだ。だれの許可がいるわけでもないのに。私は納得しないと、気がすまない質なのだ。

みどり池に着いた時間が早過ぎたのでもう少し歩きたくなり、本沢《ほんざわ》温泉まで行ってみることにした。テント場は小屋から離れているけれど、沢沿いの森のなかにあって雰囲気がよかった。今夜の寝床はここにしようか。でもだれもいないその場所は、テント初心者には寂しい気がする。まだ時間があったのでやっぱりここもやめて、もう少し先に進むことにした。

稜線まで上がり、オーレン小屋のテント場に着いた。日曜日でテントの数はあまりなく、ほどほどでちょうどいい。板の上が空いていたので、ペグは使わず周りのテントを見ながら、見よう見まねで大きな石にロープをくくりつけてテントを固定した。

お風呂に入ったあと、明るいうちに夕飯の仕度をしてご飯を食べていたら、思わず顔がにやけた。山行記録をつけたり、スケッチをしたり、本を読んだり。眠れなくても、灯りをつけてお茶を飲むことができた。小屋ではとなりの人を起こしてはいけないからと、なるべく動かないようにしてるので、体が硬くなってよけい眠れなかったけれど、テントでは思うままに伸びをしたり、体をゴロンゴロンさせることができた。

テント生活では人と接しない分、歩いているときから寝るときまで、ずっと山がそばにある。地面がすぐ横にあって、樹々のささやきや鳥のさえずりが聴こえた。シュラフに包まってテントから頭だけ出すと、降ってくるように星が瞬いていた。いつものように日記をつけたあと、どんなテントにしようか考えていたら、いつのまにか眠っていた。

春山から秋山までテントをたのしむようになって、あの日のことを振りかえる。山が近くにあるということは、風が強いときはテントがはためいてうるさいし、寒波がきた夜は寒くて一睡もできない。重い荷を背負って長い時間歩いたあとにテントを立てるときは、小屋に泊まる人が羨ましい。

最近は両方のよさが分かったので、何泊かするときはテントと小屋を織り交ぜたりしている。テントの予定でも、設営するとき雨が降っていたり、降ってなくても夜半や明け方に降るという予報がでたら、小屋泊まりに変えることもある。雨に打たれながらテントを撤収したり、濡れて重くなったテントを担ぐのがいやだから。やわだと言われても気にしない。私の山でのモットーは、むりはせず、たのしむ余力を残すこと。

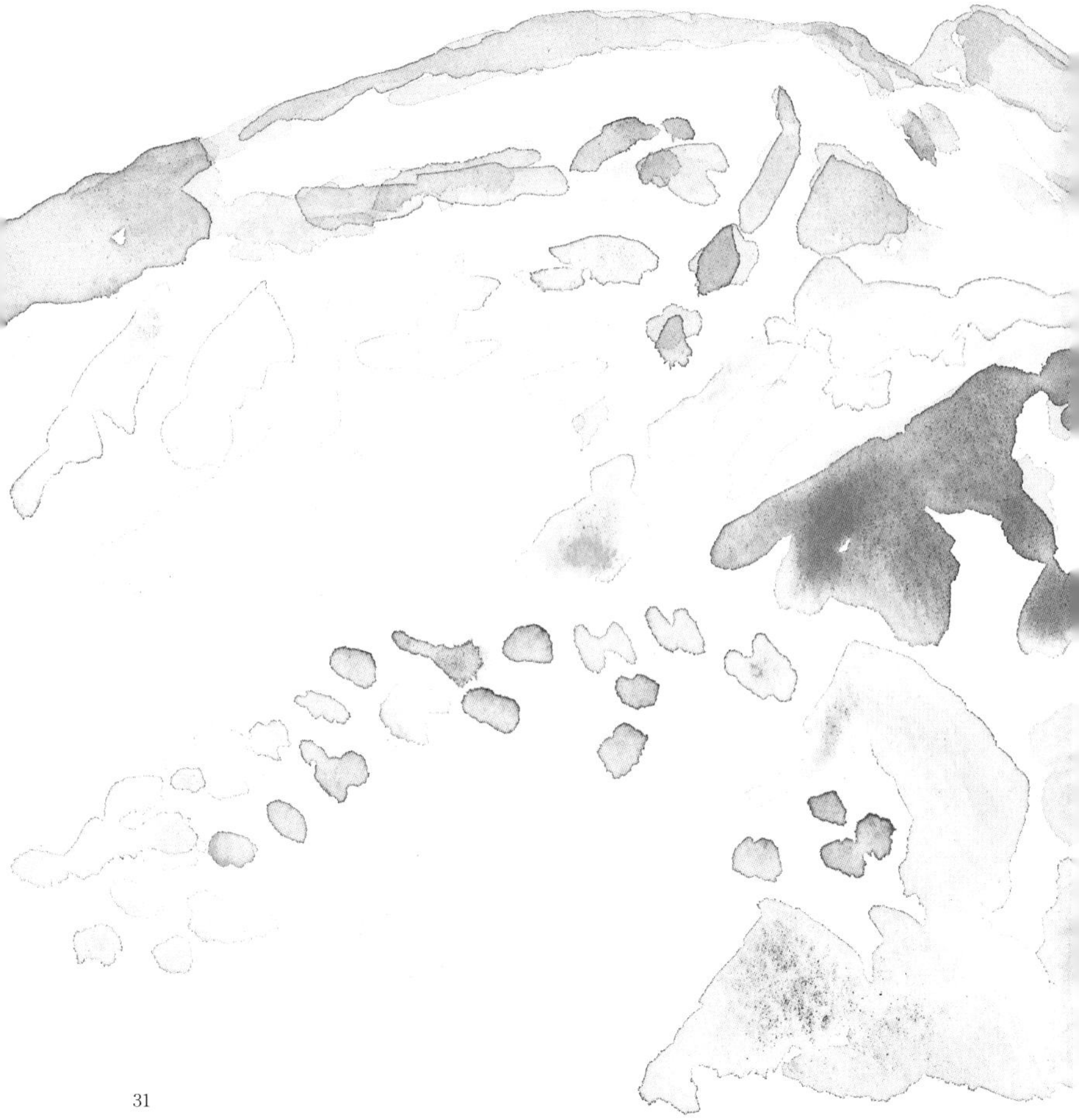

のら猫と旗振山

夜行バスが三ノ宮駅に着いたのは、朝の七時過ぎだった。いつものごとく寝られないと思っていたら、よく眠れた。通路をはさんだとなりの人の真似をして、筒状に丸めたひざ掛けを首の後ろに差し込み、腰を起こしてまっすぐ前を向いて座り、瞑想するように呼吸を整えて目を閉じたら、意外にもすーっと眠気がやってきた。体を斜めにするよりも、姿勢を正して座ったほうが楽なのかもしれない。

道すがらコンビニで、朝ごはん用におにぎりを二つ、お昼用にパンを買い、駅のコインロッカーに山登りに使わない荷物を入れて、阪神電車に乗って懐かしい須磨浦公園駅に向かった。関西に住んでいた頃に、この公園で遊んだ記憶がうっすら残っている。

海が見下ろせる駅前の広場で、のら猫に見つめられながらおにぎりを食べた。十一月下旬だというのに、じっとしていても寒くない。一匹だった猫は、二匹、三匹と増えてきた。いちばん最初から遠くで遠慮がちに見ていた猫にあげようと、おにぎりを少し取っておく。すると、あとからやってきたのがボスなのか、そろそろと後ずさりしながら去ってしまった。当然のようにずんずんこちらへ向かってくるボス猫が憎らしくなって、ぜんぶ食べてしまう。

八時過ぎ、ひっそりとした公園の階段を上っていくと、ここにも猫がちらほらいる。だれかが餌をあげているのだろうか。

三十分ほどで旗振山《はたふりやま》の山頂に着くと、歩いているときは人に会わなかったのに、どこからやってきたのか茶屋は賑わっていた。ほかの登り口から来る人のほうが多いみたいだ。

顔なじみとおしゃべりをしたあと、入れ替わり立ち替わり、茶屋の横にある電話ボックスのような小部屋に入って何かしてる。去ったあと、こっそりのぞいたら、開かれたノートに名前と日付の表があって、そこに書き入れていたようだ。これが毎日登山というものか。

神戸に在留していた外国人が六甲の山を歩くようになったのがはじまりで、毎日登山という習慣ができたらしい。裏山感覚で山を歩けるのは、すぐ近くに住宅地が広がる六甲ならではだろう。

ラジオ体操にでも出かけるように首からタオルをさげて、手ぶらで歩いている人もいた。朝の散歩がてら山へ登れば目の前に海が広がるなんて、なんといい一日のはじまり。

旗振山という名の由来は知らないけれど、旗を振って交信できるくらい海と山と人が、むかしから近かったのかもしれない。

Reef Knot

野口五郎岳

御三家ですきだったのは野口五郎。学校の帰り道、よく友だちと「私鉄沿線」を口ずさみながら歩いていた。その芸名の由来が、北アルプスにある野口五郎岳と知ったのは山を登るようになってからだ。大きな岩や石がゴロゴロしている場所を山ではゴーロという。その山の山頂付近がゴーロなので五郎、野口はその山のある集落の地名なのだそう。

はじめて野口五郎岳を見たのは、七倉《ななくら》尾根を登りきったところにある天狗の庭からだった。新宿からの夜行バスが七倉ダムに着いたのは夜明け前。降りたのは私たちの他に女性がひとりだった。明日から三ヶ月ほど野口五郎小屋で働くという。九月までいるので遊びに来てくださいという彼女と別れて、白みはじめた空の下、七倉尾

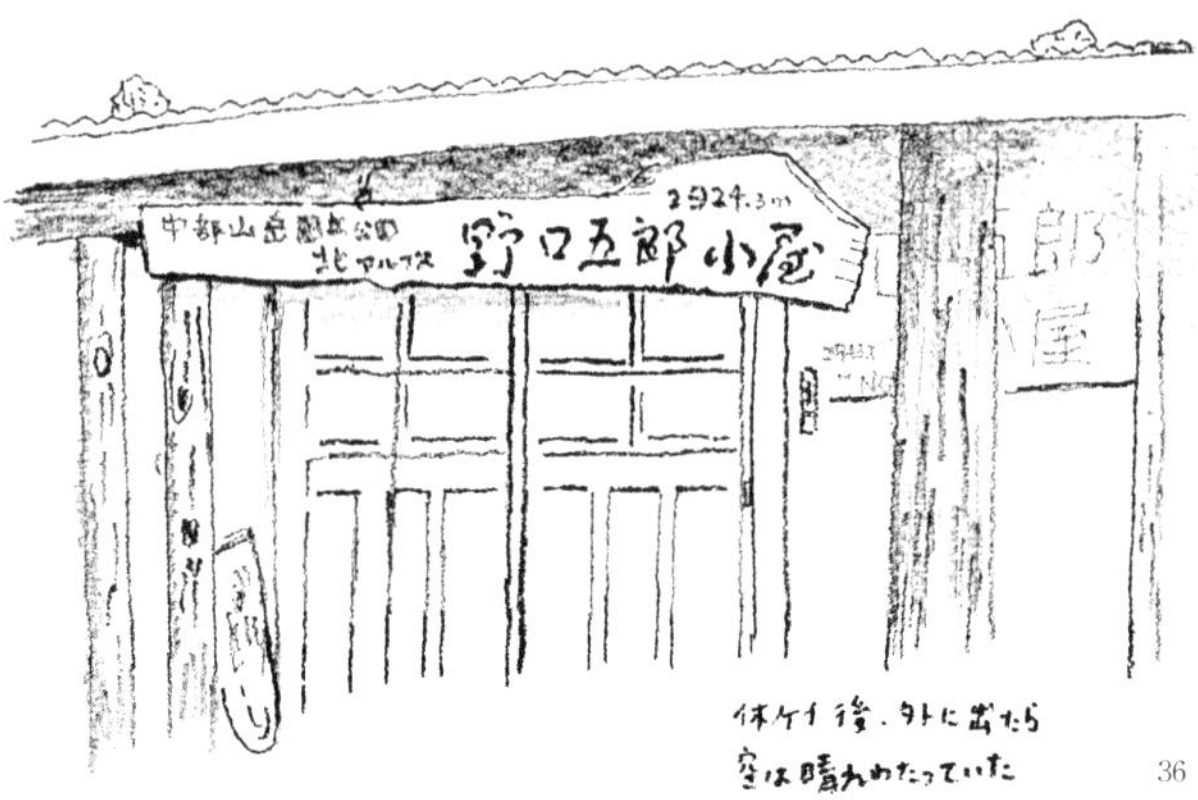

根を登った。ハシゴだらけの急登《きゅうとう》で、平らなところはほとんどなかった。やっとのことで天狗の庭に着くと、息をのむような光景が待っていた。

三角にとんがった槍ヶ岳を支点に、左右に延びる表銀座縦走路と裏銀座縦走路、それらに囲まれるように、高瀬ダムがエメラルドグリーンの面で谷底をぴっちりと埋めていた。三千メートル近い峰々を連ねる裏銀座縦走路を目で追っていくと、クリーム色の大らかな山容があった。野口五郎岳だとそばにいる人が教えてくれた。そのとき、あの山から続くのびやかな稜線を歩いてみたいと思った。

山が色づいた頃、その機会はやってきた。あいにくの天気で、急登のブナ立尾根はずっと雨だったけれど、華やかな樹木の彩りが気持ちを明るくしてくれた。烏帽子《えぼし》小屋に着いて早々にテントを張り、ゴロンとなったら気を失ったように寝てしまった。

冷えた体に
ホットミルクとチョコレート
野口五郎小屋にて

一時間ほどして目を覚ましテントから顔を出すと、さっきまで隠れていた三ッ岳が目の前に現れた。霧が晴れてあたりが見えてくると、黄や赤に染まった樹々に囲まれたテント場は密やかで、まるでお伽の国のようだった。

明日の空はどうだろうか。野口五郎岳、水晶岳を通って、雲ノ平までの予定だけど、天候によってはどこかで停滞するかもしれない。夕飯を食べると早々に眠りについた。夜中に目を覚ますと、テントを打つ雨音が大きくなっていてがっかりした。

五時過ぎ、通気口から外をのぞくと、周りのテントはすでにない。雨は止んでくれない。テントを撤収する気が起きないので、ゆっくりゆっくり起き上がる。友人も同じ気持ちだったようで、私がトイレから戻ってきたら、眠い目をこすってテントから顔を出して空を仰いでいた。雨はそれほど強くなかったので、とりあえず出発することにした。

三ッ岳近くまで来ると、向こうからひとりの青年がやってきて、風が強くてこれ以上進めそうにないから戻ってきたのだと言う。この先の道中を心配しているようだった。その様子をみて少し不安になったけれど、野口五郎小屋までは危ないところはなさそうだし、そこまでの暴風雨でもないので、私たちは小屋まで進むことにした。ひとりだったら私も気持ちが折れていたかもしれないなと思う。周囲はガスで何も見えない。いったいどんなところを歩いているんだろう。天狗の庭から見たあの風景を思い出して、友人のイメージ

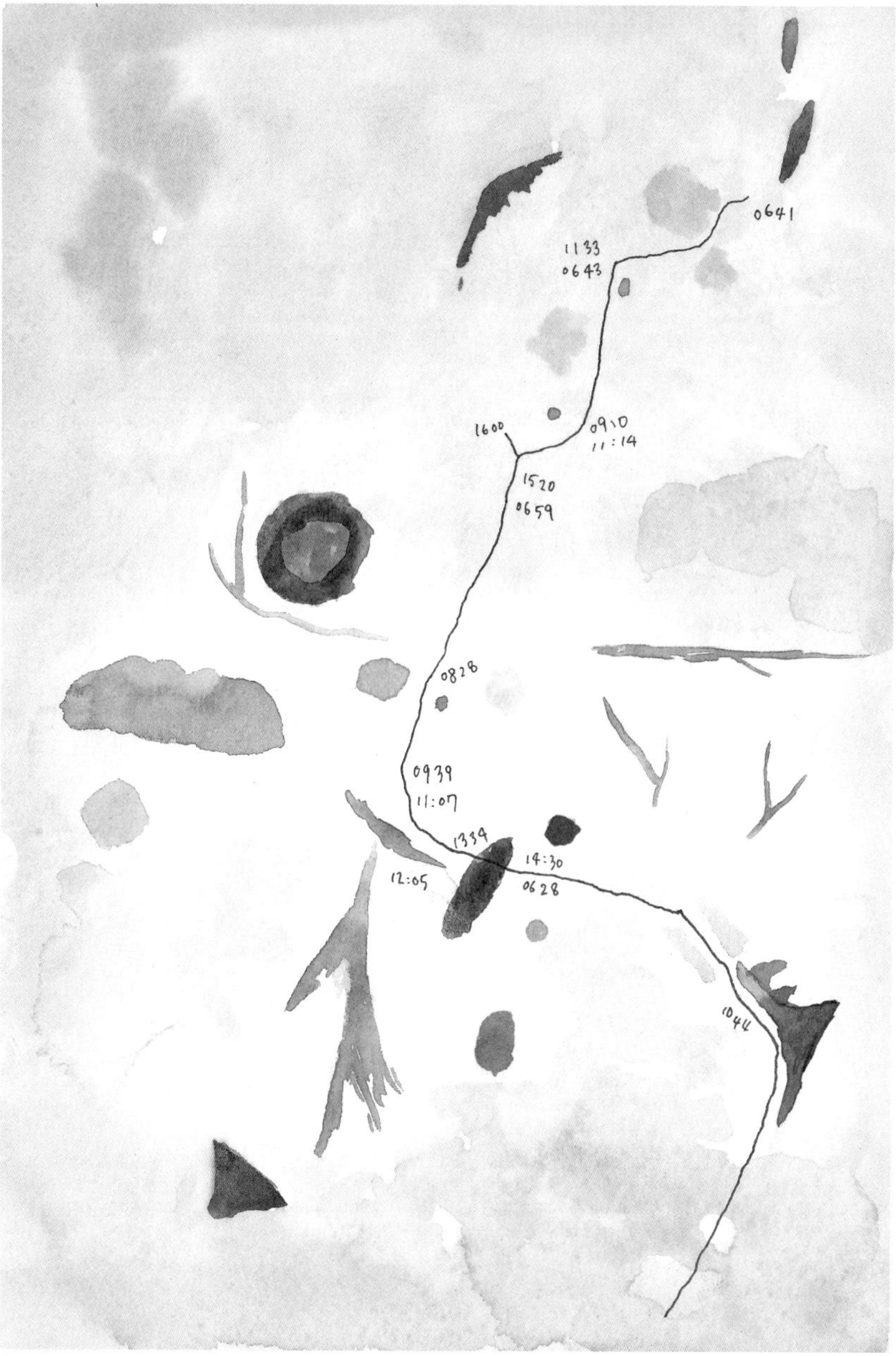
0641
1133
0643
1600
0910
11:14
1520
0659
0828
0939
11:07
1334
14:30
12:05
0628
1044

も広げてあげようと、あのあたりに槍ヶ岳があるはず、と説明するも反応は薄い。視界ゼロ、真っ白ななかを歩いているのだから無理もないか。

雨の量はそれほどではないけれど、風のせいで、濡れたレインウェアがぺったりと体に張りついて体温を奪ってゆく。どこから入ったのか、靴の中まで雨水がしみてきた。ぶちょ、ぐちゅ、ぶちょ、ぐちゅ、歩くたびに水の玉が指の間を行ったり来たり。川をジャブジャブ歩いても水が入ったことはなかったのに、このくらいの雨でなぜだろう。冷えた体が気力もどんどん奪ってゆく。気持ちが折れそうになったとき、「小屋だよ」という友人の声に顔を上げると、白いなかにぼんやりと建物の影が浮かび上がっていた。

「おつかれさま、奥にストーブあるよ」、小屋の戸を開けると明るい声でご主人が言った。体が芯から冷えきって、気力が萎える寸前だったので、小屋のありがたみが身にしみる。入り口で雨具を脱ぎ、靴下を脱いで絞ると、じゅるるーっと水が滴り落ちた。なかで休んでいた人たちが、それを見て続けざまに話しかけてくる。この先は強い風があると危ない場所なのでしばらくは出発できないから、開き直って寛いでいる様子だ。

奥のストーブのところで暖めさせてもらうと、体が小刻みに震えているのが分かった。濡れた靴下や手ぬぐいをストーブにかざしながら、ホットミルクを飲む。コップには、ロシアとか東欧あたりの古い絵柄が描かれている。

友人はお財布を取り出して、濡れてぴったりと貼りついた紙幣を、破けないようにゆっくりはがしながら、ストーブの上の籠にお餅のようにきれいに並べた。

体の震えは三十分くらい続いた。内側の膜が破けたのを、テープで補修してなんとか着ていたレインウェアは、すでに撥水性も防水性もなくなっていた。こういうのはごまかしては絶対だめだと肝に命じながら、撥水がきいてパリパリした他の人のレインウェアを恨めしく眺めた。ご主人に小屋で働いていた女性のことを聞くと、おととい下山したという。しばらくして外に出ると、さっきまでの天気がうそのようにカラッと晴れあがっていた。

翌日、双六小屋のテント場で、風雨で引き返した青年に会った。あきらめて下山しようとしたら、これからいい天気になるのにもったいない、と烏帽子小屋の人に言われて戻ってきたそうだ。明日は同じく西鎌尾根《にしかま》から槍ヶ岳に向かいます、と少し緊張した面持ちでうれしそうに話してくれた。その夜は、満月がぴかぴかに輝いて空を明るくしていたので、友人がマットをテントから出して地面に敷いて寝転んだ。私も真似して寝転んだ。月光浴しながら話をしていたら、ますます目が冴えてきた。三十分も経っただろうか。隣のテントから、そろそろ寝まーすという知らない声の持ち主が訴えた。ひそひそ声のつもりだったけれど、山の夜が私たちの話も月のようにくっきり届けていたのかもしれない。時計を見ると、七時ちょっと過ぎだった。

山で絵を描く

山へ出かけるときは、あめ玉と小ぶりの手帖とペンを、すぐ取り出せるポシェットに入れている。あめ玉は、疲れて低血糖になったとき、即効性があるのでお守りに。手帖は、道中であったことやお天気、歩いた時間、ルートなどをメモできるようにするためだ。

何泊かする山旅では、それに小さめのスケッチブックと色鉛筆、絵具箱がプラスされる。たたむと携帯電話くらいになるコンパクトな絵具箱は、蓋が筆洗いの器になり、本のようにパタンと開くと、右に水入れがおさまっていて、左にパレットとキャラメル大の固

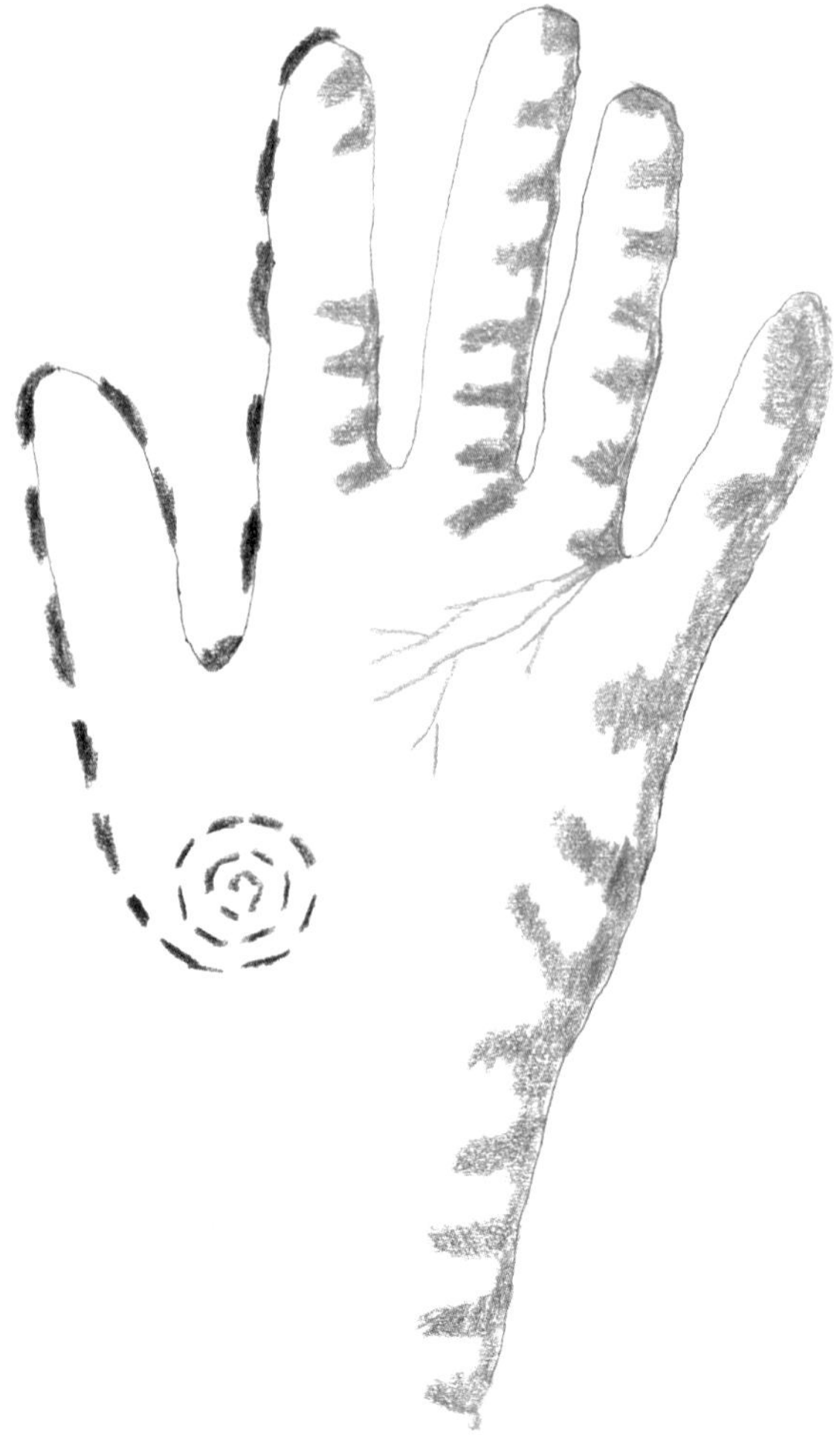

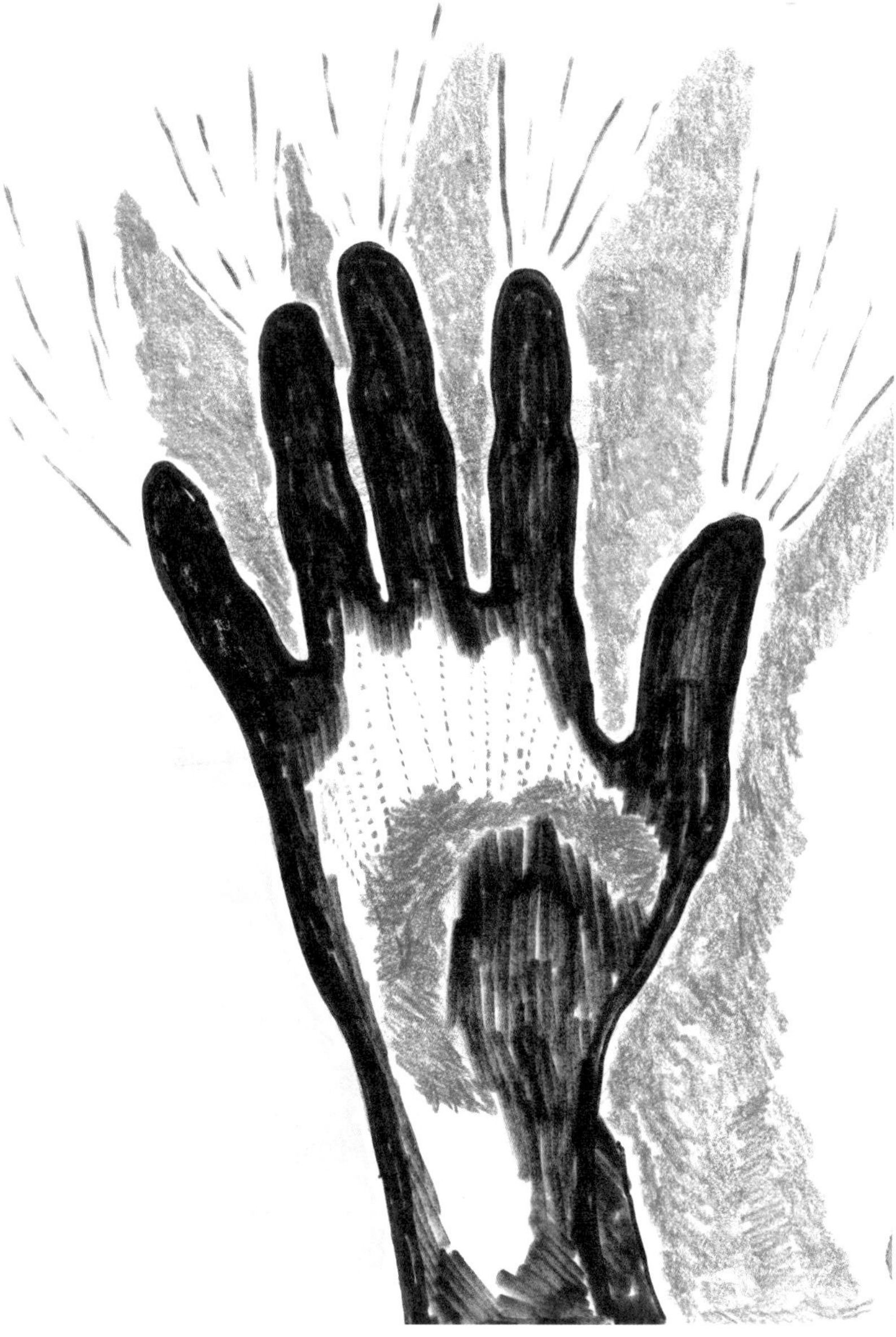

形顔料が十四色おさまっている。

　こんな優れものがあるのだけれど、告白するとこの絵具箱はほとんど開かず終いで、使うのはもっぱら手帖とペンのほうだ。泊まりの山は、標高が高かったり、それなりに奥深い山なので険しい箇所もあったりで、雲行きも気になって絵を描く気分にならない。時間を気にして歩いているときは、描くことが気忙しく思えて落ち着かないのだ。数分の休憩のあいだに、ささっとスケッチする人が羨ましい。

　美しい山並みや足もとの草花に目を奪われるけれど、描きたいという気持ちは正直あまり起こらない。まだ心がその風景のほうに吸い込まれていて、描くということに戻ってきてないのを感じてしまう。描いているうちに湧き上がるかもと、試してはみるもののそうならない。あとで見ると、そんななかに山の雰囲気が感じられていいなと思う絵もたまにある。でも描いているときは、無理に描こうとしていることのほうが気になる。絵にもそれが出るので、描きながらがっかりする。何もせずただ山にいたいという自分と葛藤しているようだ。描くことよりも、山を眺めていたいという気持ちを大事にしようと思った。

　そういうわけだから、もう絵具箱は置いていけば荷も軽くなるのに、なぜザックに忍ばせているのか。早い時間に目的地に到着すると、テントを設営したあとは夕飯作り以外することはなく、時間がたっぷりある。そんなゆったりした気分のときや眠れない夜、もしかしたら描きたくなるかもしれない。そのチャンスを逃したくないという、さもしい気持ちが残っている。いつか山で描くたのしみが味わえるかもと思うと、置いていくことができない。

高尾山の朝ごはん

いちばん身近な山といえば、高尾山かもしれない。ふと思い立ったとき、出かけることができる。朝起きて、こんないい天気の日には山に行かないと、と思ってから仕度しても遅くない。もっとも、そんなふうに身近になったのは、何度も山へ通うようになってからだ。電車に乗って三十分ちょっと、降りて数分歩いたら登山口というのはありがたい。

ちょっと山で朝ごはん、そんなときに高尾山はちょうどいい。八時前には高尾山口駅に着くようにして、九時ごろ山頂で朝ごはんを食べる。ミシュランに選ばれてからは、平日でも混んでいる山だけど、この時間なら静かな山歩きができる。

朝ごはんは、握ってきたおにぎりだったり、サンドイッチを山頂で温めてホットサンドにしたり、挽いてきた豆でゆっくりコーヒーを淹れて一服したり。

朝、そんなおままごとのようなことをして家へ戻ると、山を持ち帰ったような午後を過ごすことができる。

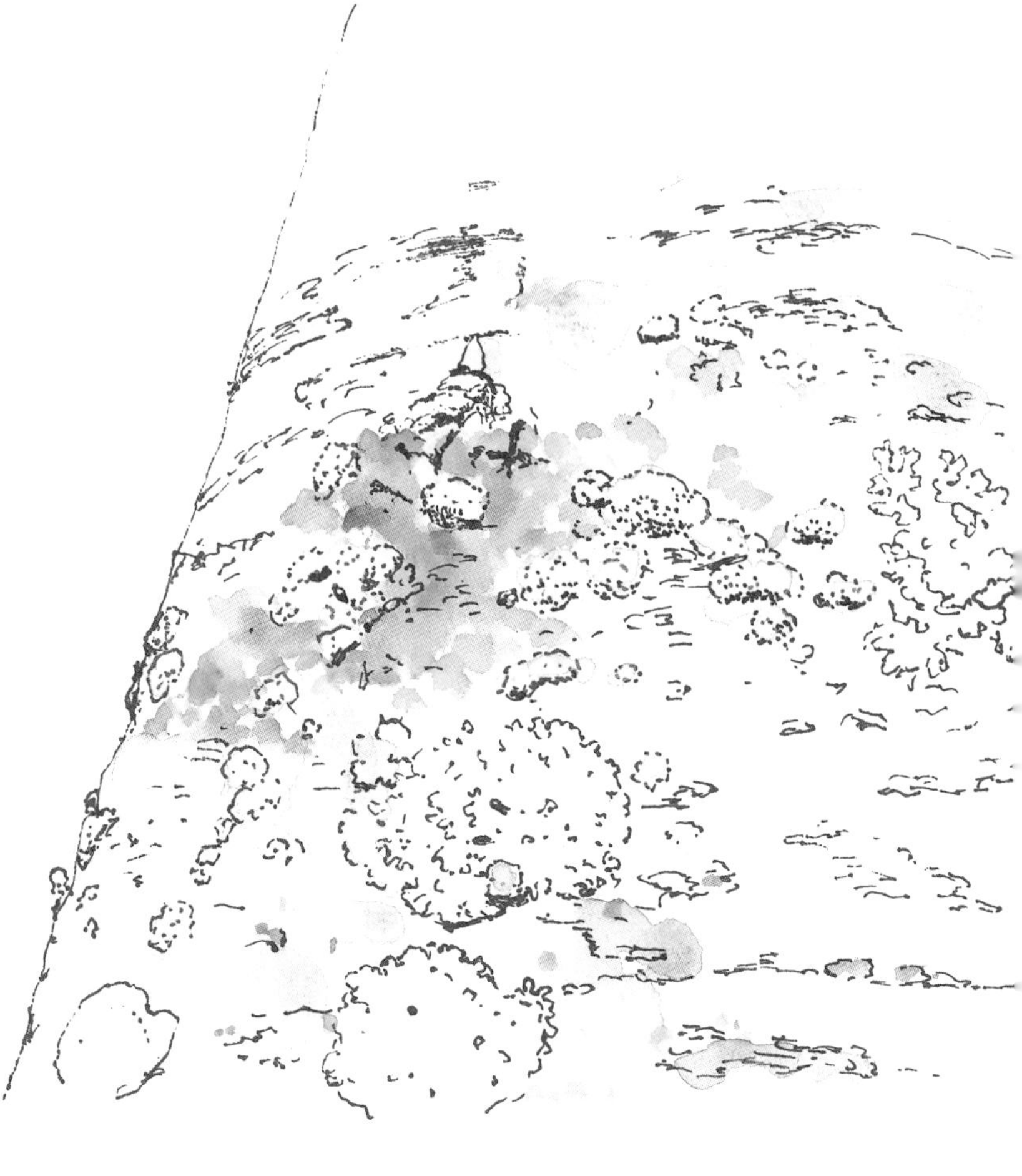

八方尾根のバッチ

夏の白馬へ家族旅行で行ったことがある。ゴンドラとリフトを乗り継ぐと標高一八三〇メートルまで上れて、そこから一時間半ほどトレッキングをすると、八方池のむこうに連なる白馬岳《しろうまだけ》を真近で見ることができる。子どもから年配の人まで安心して歩ける緩やかな木道があるので、八方池《はっぽういけ》まで散策することにした。

木道は観光客で渋滞気味、父の歩みもゆっくりなので、もどかしい思いの母は自分のペースじゃないと疲れると言い、先に兄と八方池に向かうことになった。私は父に付き合ってゆっくり歩き、戻ってきたふたりと落ち合うことにした。

だが、思ったより早く父が根をあげた。ちょうどいいベンチがあったので、少し休んでからちょっと歩こうよと誘っても、もういいと言う。八方池の景色には興味がないのか、足に不安があるのか行きたがらない。ここで長いあいだ母たちを待っていたら、体が冷えてしまう。今なら前を歩くふたりに追いつきそうなので、父にここで待っていてもらって、母たちに先に下りることを知らせに行くことにした。

戻るまで絶対にここを動かないよう念を押して、飛ぶように木道の階段を駆け上がり、八方池の手前で母と兄に追いついた。思ったより早く着いたので、私も八方池まで一緒に行って、持ってきた山の道具で湯を沸かし、ふたりにコーヒーをふるまった。

父を待たせているのは気がかりだったけれど、私は山のいいところをすこしでも多く味わって欲しかった。緩やかな木道を歩いて一時間半で、標高二〇六〇メートルからの山の風景が味わえるのだから。白馬連峰が鏡のように映し出された八方池を、少しのあいだ三人で眺めた

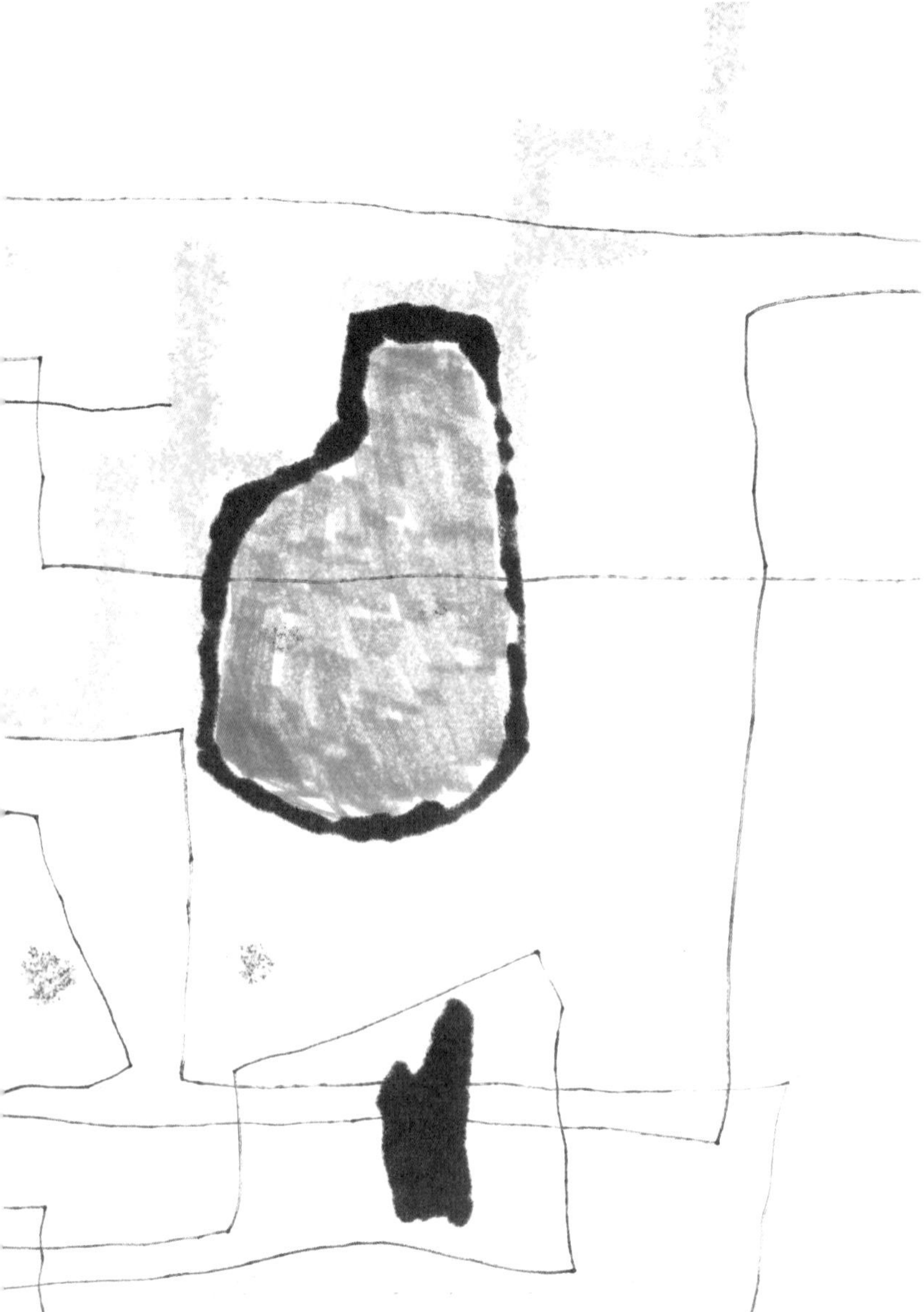

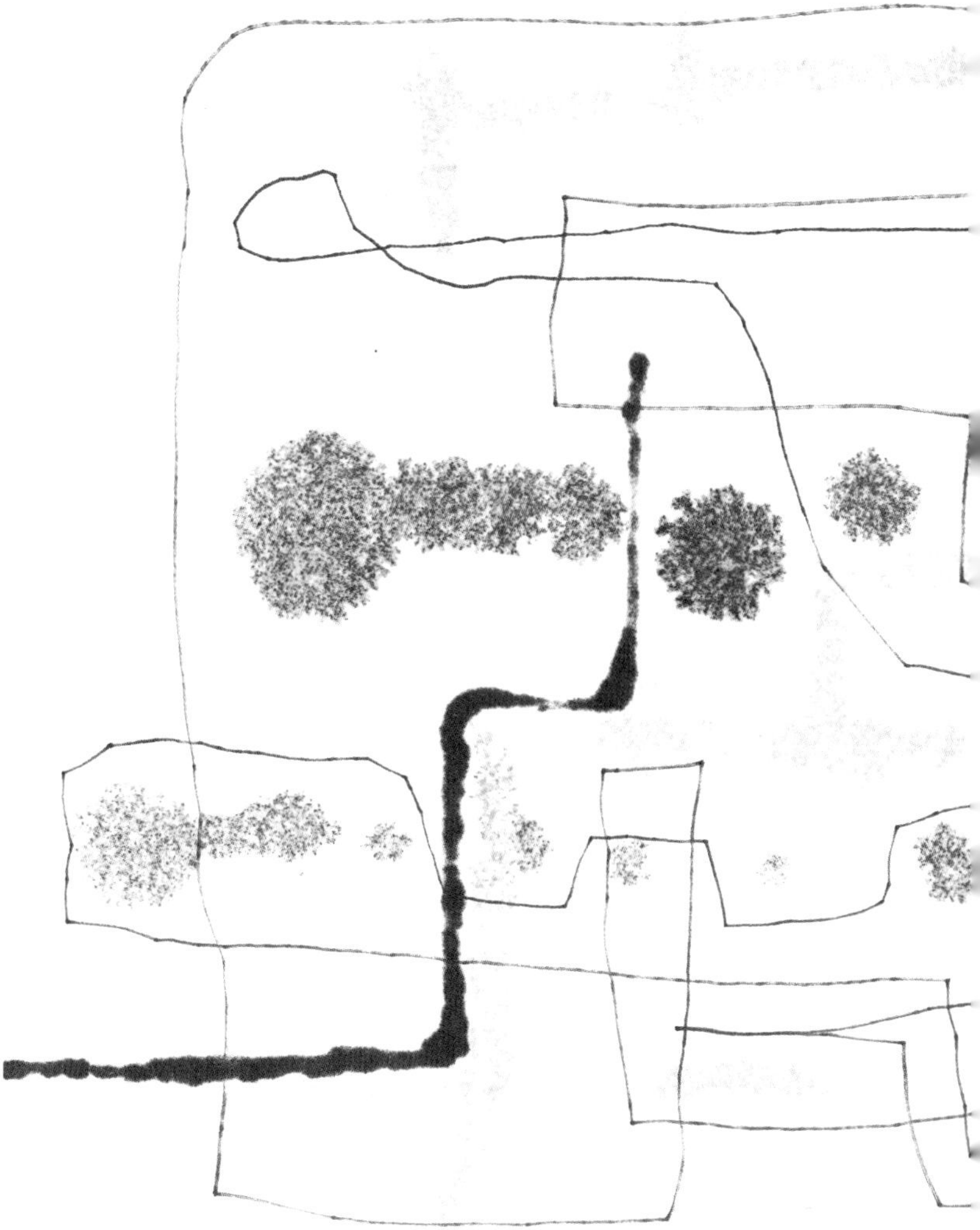

あと、私だけ先に父のもとへ戻った。

木道の広いところで前を歩く人を抜きながら、ときどき走っては先を急いだ。爽快な気分で父が待っているはずのベンチまで来ると、そこに父の姿はなかった。座っているのに飽きて、やっぱり登ることにしたのだろうか。でもすれ違ってない。登ってくると思ってないから気づかなかったのだろうか。いや、父がそんな意欲を出すとは考えられないから、きっとひとりで下りてしまったんだろう。焦りながらあれやこれや考えて、そういう結論に達した。

私はまた走るように木道を下った。八方池山荘に着いて探しても、父の姿はなかった。待っていてと言ったのに、なんで動いたんだろう。その理由が分からず、沸々と怒りが込み上げてきた。途中、道が二手に分かれたところで、私と違う道を下ったのかもしれない。こんどは通らなかったほうの道を往復し、ふたたび八方池山荘に戻ると、見晴らしのいいベンチの横に父が立っていた。

ほっとした私は、波のようにやってきた感情にまかせて責めるように、どうして待たずに勝手に下りてしまったのかと聞いた。すると父は困り顔で半笑いをしながら、トイレが我慢できなくなったと言った。最初に見つけられなかったのは、ちょうどトイレの列に並んでいたときかもしれない。

それは私が想像しなかった理由だったので、駆け下りながら積み重なった気持ちのやり場がなくなって、母たちが戻ってくるまで時間をつぶそうと小屋に入った。すると後ろから父がついてきて、欲しいものがあったら買ってやると言うので、私は八方尾根という文字の入った記念バッチを指さした。

ＲＣＣの伯父を辿って

坂の途中にある赤い三角屋根の家は、設計の仕事をしていた伯父が自分で建てたもので、子どもの私にとって秘密基地のようなところだった。二階の窓からは、瀬戸内海に浮かぶ淡路島、大きな船、晴れた日には紀伊半島が見渡せた。関西に住んでいた頃はしょっちゅうひとりで泊まりに行き、関東に越してからも長い夏休みを神戸の家で過ごした。

奥多摩や高尾の山をハイキングするくらいだった私が、ちゃんと山の道具をそろえて高い山に登りはじめたのは十年前。その頃はまだ、藤木九三《ふじきくぞう》さんが創設したＲＣＣ（ロック・クライミング・クラブ）で、伯父が中核メンバーとして活動していたことや、藤木さんの著書の挿絵などを描いていたことは知らなかった。六甲の話や藤木さんの名前を口にしていたことは憶えているし、アルバムのなかの写真も見ていた。でも山にそこまで精を出していたなんて気配もみせなかったし、伯父は山の話をあまりしなかった。

山小屋のような家のなかには、船や飛行機、城や寺の模型、おもしろい形の置物、そこに混じって小石やピッケル、山の本や写真が所狭しと置かれていた。まだ幼かった私は、室内になぜ石を置いているのか不思議だった。ひとつひとつの石に紙が貼りついていて、山の名前と日付が書かれていた。

なかでも記憶に残るのが、壁にかかった白黒の写真パネルだった。なにかを背負って雪の上を歩く人、背中から左右に延びる棒のようなもの、先端にはなにかがヒラヒラしていた。背後には真っ白な山と、もくもくした雲。生まれたときから見ていたので、この世の風景ではなくて、雲の上を歩く雷さまだと思い込んでいた。果てしなく遠い世界に、たったひとり佇んでいる姿は寂しそうにみえた。

写っていたのは、ひとり息子の岳生さんだった。ヒマラヤの未踏峰キンヤンキッシュに挑むために、東京大学カラコルム遠征隊に参加した岳生さんが遭難したのは二十六歳のとき、私が生まれる三ヶ月前だった。今から思えば、息子を亡くしたすぐあとに、生まれたばかりの私が家に来るようになって、なにか思うところがあったのかもしれない。

姓を継いで欲しかった伯父の希望で、私は大学を卒業したあとに籍を移した。とはいっても、伯父は神戸、私は東京に住んでいて、社会人になってすでに親元からも離れて暮らしていたし、仕事は旧姓のままだったので、これといった心境の変化はなかった。

それはつい数年前、伯父が残した日記を読み返したことがきっかけだった。山岳関係の本に出てくる聞き覚えのある名前や、ＲＣＣを解散する直前の藤木さんや仲間とのやりとり、山の記録など、日記のなかには山にのめり込む二十代の伯父、中村勝郎がいた。時折

見せたあの厳格な顔つきや、揺るぎない物腰と重なるところもあるけれど、時は一九三〇年、威勢のいい若者の姿はすこし意気がってもいるようで、なんだかかわいらしく見えた。RCCの中村勝郎のことをもっと知りたくなった。それで、資料を持っていらっしゃる山岳関係の方や、神戸登山研修所にある藤木文庫を訪ねることにした。

伯父が挿絵を描いた本や、RCCに関する古書を見せていただくと、山岳信仰でしか山に入らなかった日本に、登山という文化が生まれて間もない頃の山を、伯父は歩いていた。岩壁を登攀《とうはん》するロッククライミングのほうにのめり込んでいたようだ。ルートを探すために描かれた岩壁のスケッチや山の概念図がとてもよくて、舐めるように眺めた。

山とともに過ごした二十代から、戦争を経験した三十代、過酷なシベリア抑留から帰ってきたときには、四十を過ぎていたかもしれない。父の背中を追って山の世界に入ったひとり息子を山で亡くした伯父は、いつから山へ行かなくなったのだろう。「彼は憧れのヒマラヤで眠っているのです。幸せなのだと思ってやってください」、そう言ったとある人の書かれた文で知った。私も山に行っていると知ったら、どんなふうに思うだろう。まだ登山道や山小屋が整っていない時代、伯父の見た山はどんなだったろう。

六甲山の高座の滝で毎年開催される、藤木祭に参加することにした。その前にRCCゆかりのロックガーデンを、地獄谷からキャッスルウォールまで歩く。A懸垂岩には、アイゼンの跡らしい傷が無数についていた。ここを登って、雪山のシミュレーションをしたという。神戸からアルプスに行くのは、夜行列車の長旅で大変だったろうから、近所の六甲に何度も通って練習していたのかもしれない。古代遺跡に触れるようにアイゼン跡に手を合わせて一、二歩岩を登るふりをしたり、伯父が残した写真を景色にかざして、ここかあそこかと探したりした。六甲は花崗岩が白く光っているので山が明るい印象で、なんとなく外国の匂いがした。それはパイプをくわえて、節のある黒光りした木の杖でリズムをとりながら歩く物静かな伯父を思い起こさせた。

秋も終わりに近づいた頃、こんどは北アルプスに出かけた。目的は、伯父たちが初登攀したという前穂高岳の北尾根RCCルートを見ること。日記に書かれた山行記録を辿って上高地から入り、よく泊ったという横尾岩小屋跡を通って涸沢に向かった。前穂高岳から延びる北尾根は、あらためて見るとぞっとするほどデコボコしていた。ちゃんとした山地図も情報もないのに(だから開拓したいのだろうけど)、こんなところを初登攀しようだなんて、私が知っている穏やかな伯父とは違う人だった。

「五・六のコルから四、三峰と進んで、前穂の上で雪をとかして茶をわかす。奥穂へ向かい穂高小舎で一泊、ジャンダルムから飛騨側に下りる」と日記には書かれていた。私にはクライミングルートは無理なので、ザイテングラードから奥穂高岳へ登ったり、屏風の

耳や奥又白谷《おくまたじろだに》から眺めたりと、前穂北尾根をいろんな方角から見て、日本にロッククライミングを広めようとしていた伯父たちのことを考えた。やったことがないから分からないけれど、ロープで仲間同士が繋がって、岩にへばりつくように登って、ときに岩壁に宙ぶらりんだなんて、私とはまったく違うことを山に感じているのだろうなと思った。

クライミングは、考える力がとても大事らしい。たしかに伯父のスケッチを見ると、そこに描かれた岩壁の線は、ルートを見ている。飾られていた模型も、集中力がいる細かな作業を、気長にやらなければ仕上がらない大作が多かった。そう思うと、なぜロッククライミングに惹かれたのか分かる気がした。

登山家の加藤文太郎が書いた著書『単独行』のなかで、「横尾谷の岩小舎」で出会った中村という人が、文太郎に向かって少し辛辣なことをいう場面がある。ふたつ違いで同じ頃にRCCにいて、よく屏風岩をクライミングしていたことを思うと、伯父のことではないかと勝手に推測している。「君の生命は旦夕《たんせき》にせまっている」、私もたまに単独行をすると知ったら同じことを言われるだろうか。それよりも、整った登山道や山の道具やGPS機能がついた携帯電話なんか見たら、びっくりして腰を抜かすかもしれない。

管理され尽くしていない地球を歩いていた伯父の山を想像してみた。野生の勘を使って歩いたり、合理的になり過ぎない暮らしには、新しい発見がたくさんあったんだろうな。

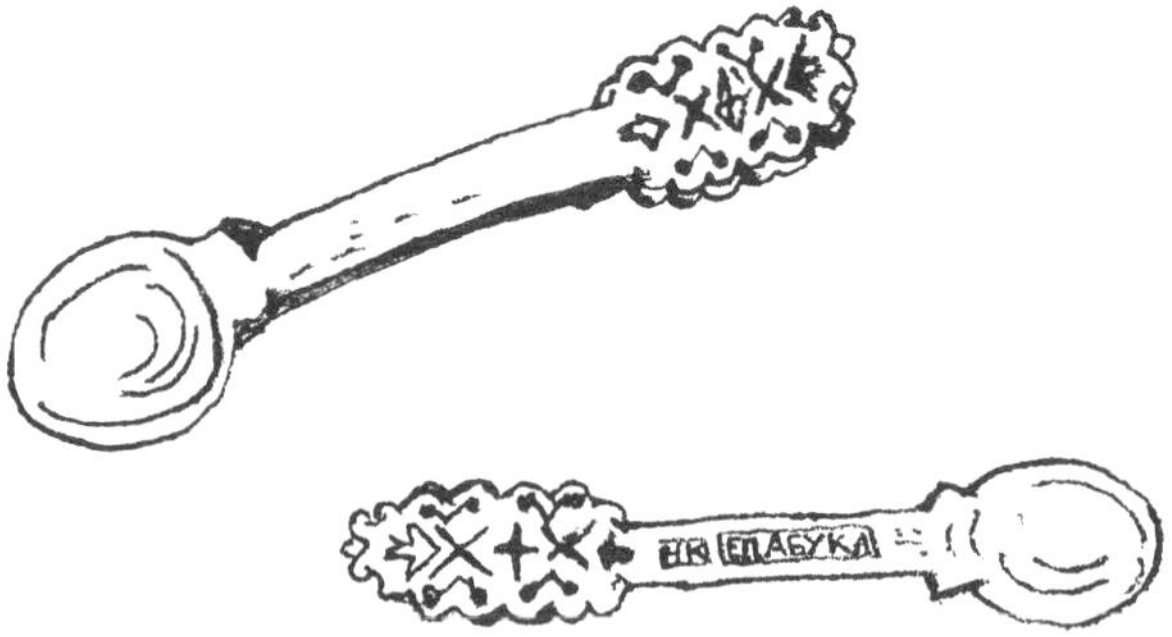

伯父の手彫りスプーン

Fisherman's knot

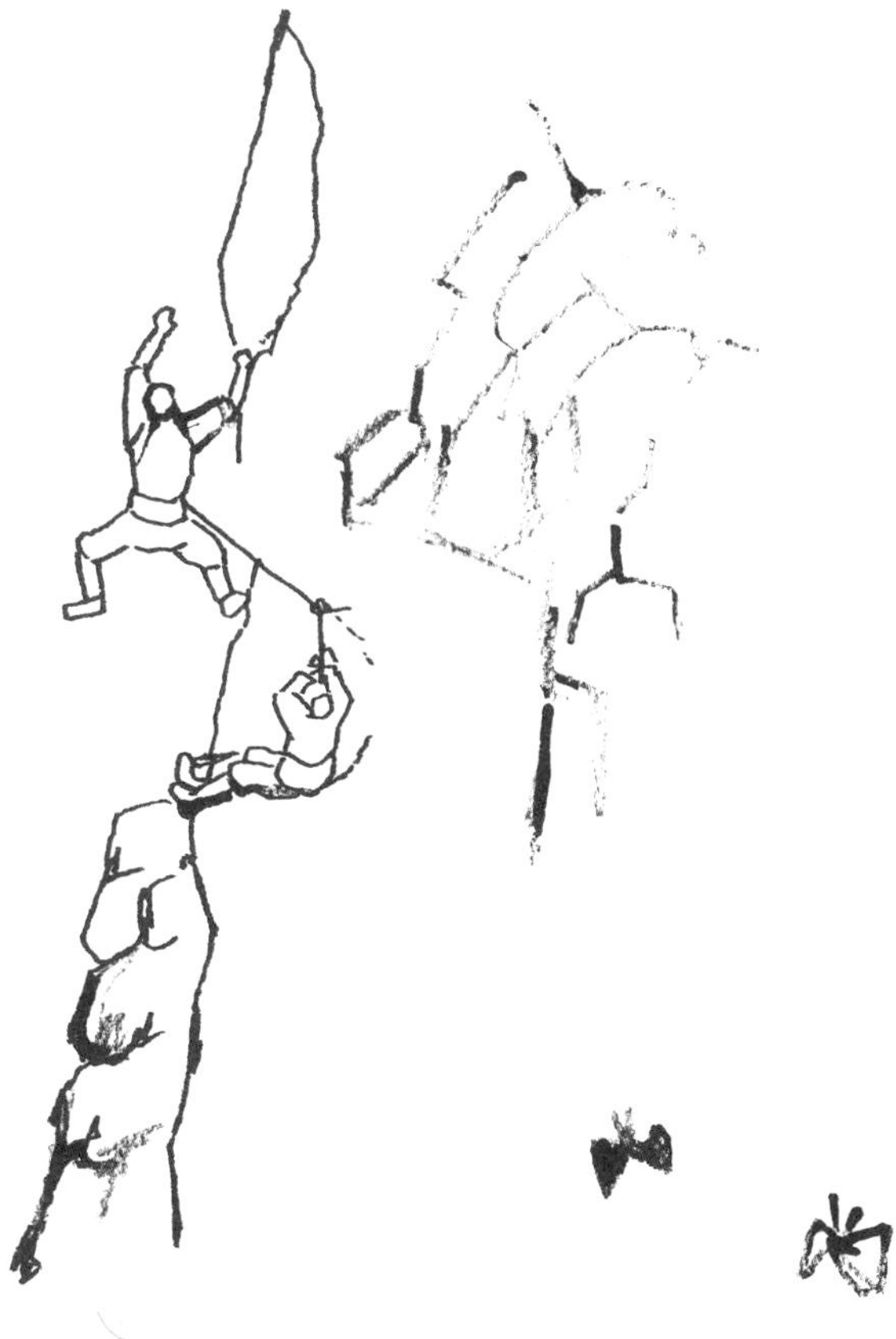

犬とイタツミ尾根

はじめて登った山は、小学校の遠足で行った丹沢山地の東にある大山だ。その後、もういちど二十代の頃に山頂まで行ったことがある。兄が、車でヤビツ峠まで行って自転車に乗るというので、ドライブがてら母と私と犬がついていった。

ヤビツ峠の駐車場で兄と別れ、私たちはその辺をぶらぶらしようと、駐車場近くの売店で丹沢の地図を買った。ここから一時間ほど歩くと大山の山頂に行けるらしいので、歩いてみることにした。

四本足の犬は、水を得た魚のように勢いよく駆け上がっては、後ろを気にして振り向く。じーっと私たちを見つめ、早く行こうよと急かし顔だ。追いつきそうになると、また駆け上がってゆく。シンちゃんは元気だねえと母が言う。そんな追いかけっこをしているうちに山頂に着いた。大昔のことだからうろ覚えだけど、普段着のまま犬の散歩気分で登れたので、それほどきつくなかったように思う。あまり人のいない静かな山道だった。

いつもは散歩に行きたがらない犬が、たのしそうに駆け上がる姿を見て、犬種が猟犬だったことを思い出し、四本足には敵わないねと母と感心した。

wine, Biscuits
塔ノ岳

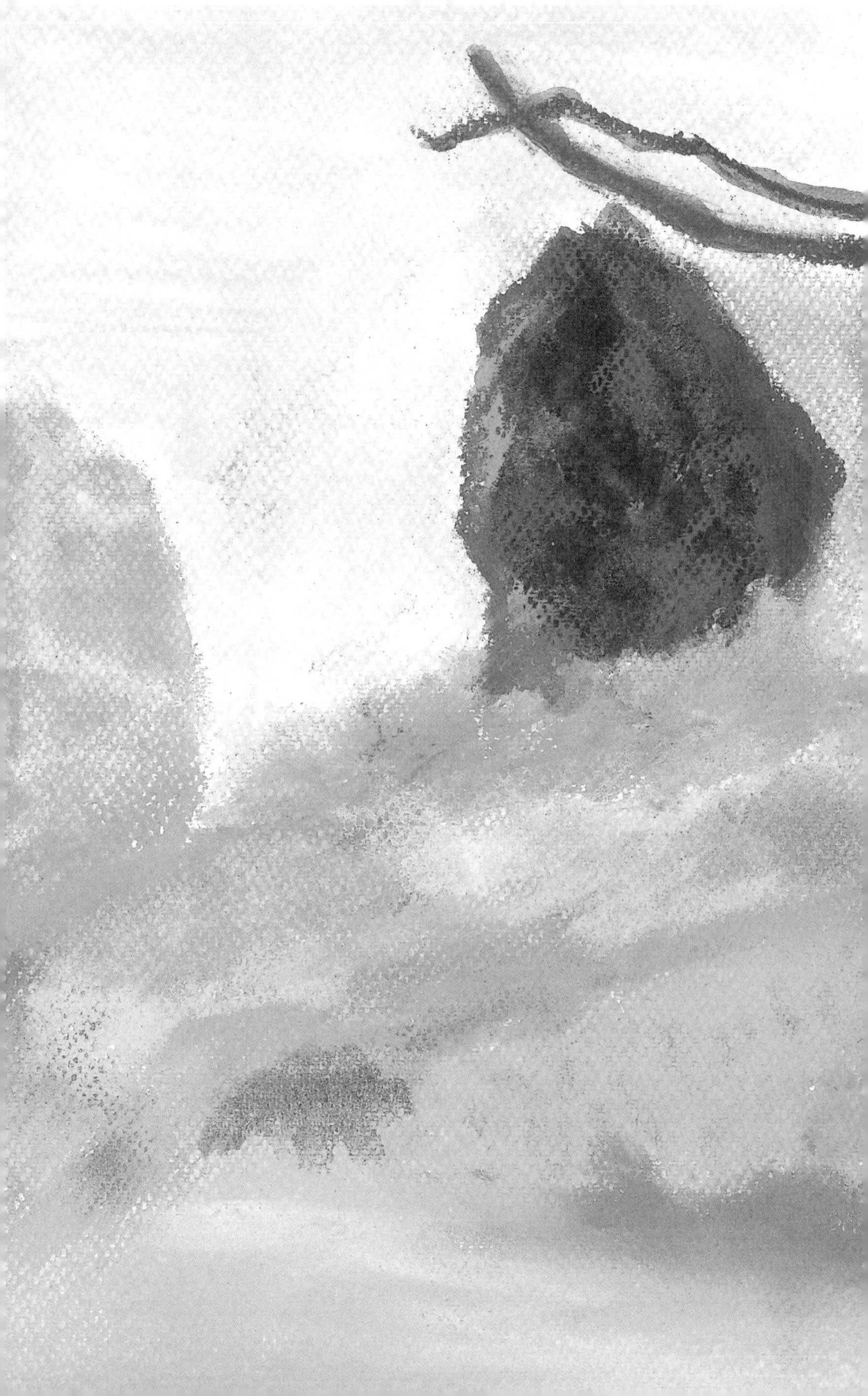

山をたのしむひと

世の中にいろんなタイプの人がいるように、山にもいろんなタイプがある。原生林に生い茂る苔が美しい山、荒々しい岩稜帯の山、いつ噴火するか分からない山、はじめての人でも受け入れてくれる山、などなど。

そしてそれらの山には、数えきれないほどのたのしみがある。百名山を目指して山を登る人、名もないひっそりした山に登る人、ただ山道を歩く人、同じ山を何百回と登る人、ひたすら高い山を目指す人、ひたすら岩壁を登る人、登山ルートを全て制覇しようと試みる人、高山植物やバードウォッチングをたのしむ人、キャンプをたのしむ人、山小屋を満喫する人、挙げたらきりがない。山をすきな人の数ほどあるだろうから。

私はどうだろう。百名山を目指してないけれど百名山にも登る。登ってみると、深田久弥《ふかだきゅうや》が選んだ名山の視点が知れておもしろい。山頂を目指さずただ歩くこともある。今はまだ、気になる山やルートがいっぱいあるので、行ったことのない山を選ぶことが多いけれど、何回も登る山もある。クライミングはしないけれど、岩稜をへばりつくように登るのも、アスレチックみたいでたのしい。

長い縦走をするようになって、奥深い山の魅力を知った。それは日帰りの山とは、まったく違うものだった。どちらがいいというのではなく、そもそも比べようのないものだった。同じ走るスポーツでも、短距離走とマラソンがまったく違うように。

南アルプスの南部にある、悪沢岳《わるさわだけ》から赤石岳《あかいしだけ》の縦走路を歩いたことがある。そこには高山ならではの植物が、図鑑のような種類を取りそろえて咲いていて、帰ってから調べたり描いたりしていたら、花の名前が頭に入るようになった。

小さな草花が標高の高い稜線で揺れていると、あまりに健気できゅんとなる。風雨も凌げない厳しい環境で、どうしてこんなに可憐に咲けるのだろう。ハァハァと息を切らして登った先で出会うと、いつも助けられる。

山のたのしみは、行くほどに増えてゆく。この先、定まっていくのか、それとももっと広がるのか。もしかしたら山には登らずに、麓から眺めるようになるかもしれない。

山の匂いを吸い込んだときに体中に広がるもの、それが今のたのしみだ。

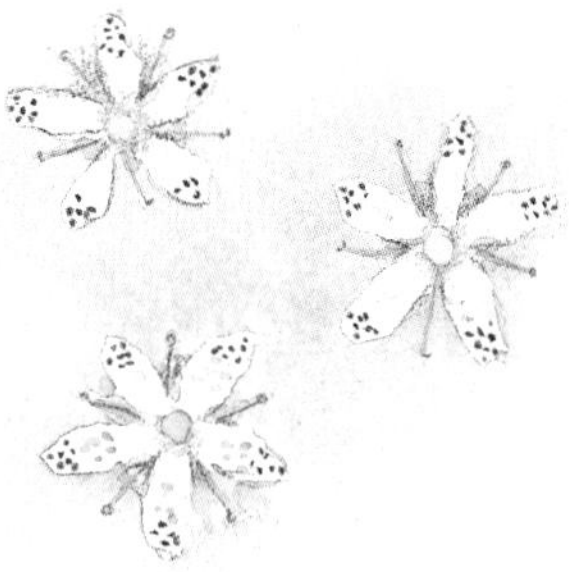

Saxifraga bronchialis subsp.
funstonii var.
rebunshirensis
ミコタンソウ　悪沢岳付近

カタクリ

ヒメサユリ

おそれ
入りますが、
切手を
お貼り
ください。

読者ハガキ

151-0051
東京都渋谷区千駄ヶ谷3-56-6
(株)リトルモア　行

Little More

ご住所　〒

お名前(フリガナ)

ご職業　　性別　　年齢　　才

メールアドレス

リトルモアからの新刊・イベント情報を希望　□する　□しない

※ご記入いただきました個人情報は、所定の目的以外には使用しません。

ご購読ありがとうございました。
アンケートにご協力をお願いいたします。 voice

お買い上げの書籍タイトル

ご購入書店

市・区・町・村　　　　書店

本書をお求めになった動機は何ですか。

□新聞・雑誌・WEBなどの書評記事を見て（媒体名　　　　　　　）
□新聞・雑誌などの広告を見て
□テレビ・ラジオでの紹介を見て／聴いて（番組名　　　　　　　）
□友人からすすめられて　□店頭で見て　□ホームページで見て
□SNS（　　　　　　　）で見て　□著者のファンだから
□その他（　　　　　　　）

最近購入された本は何ですか。（書名　　　　　　　）

本書についてのご感想をお聞かせくだされば、うれしく思います。
小社へのご意見・ご要望などもお書きください。

ご協力ありがとうございました。

Little More

いただいたご感想は、全文または一部抜粋のうえ、本の宣伝等に使用する場合がございます。

Ligularia dentata
マルバタケブキ
千枚小屋で

Tephroseris takedan
タカネコウリンカ
千枚岳～丸山で

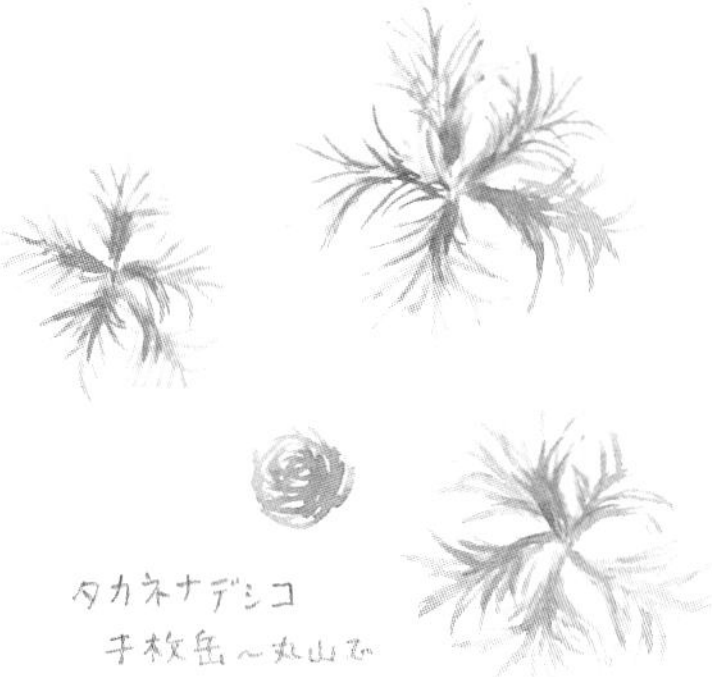

タカネナデシコ
千枚岳～丸山で

Dianthus superbus
var. speciosus

Fritillaria camtschatcensis
クロユリ　荒川岳のカールで

Solidago virgaurea subsp. leiocarpa
ミヤマアキノキリンソウ　荒川岳稜線で

ニッコウキスゲ

Campanula lasiocarpa
イワギキョウ　丸山で

ハクサンフウロ

Ranunculus
subsp. nippo

ミヤマキンポウゲ

千枚小屋

キヌガサソウ

冬の河童橋

雪の上高地は別世界だった。

梓川は寒々しく表面を凍らせ、穂高の山々は夏以上に威圧してくる。細かな雪に陽があたって白い地面がきらきらして、歩くとキュッキュッと音を立てた。

一月の積雪はまだそれほどでもなく、アイゼンを付けずに歩いた。空と私のあいだには、太陽を阻むものがなにもなく、だんだん背中が汗ばんできた。

いつもは観光客でにぎやかな河童橋が、白い世界に呑まれて身をひそめている。

テーブルのあるベンチでひと休みしていると、少し風が出てきた。その頃はまだ雪山経験がなく、水筒をあけるのに手袋をはずしたあとも、しばらくそのままでおやつを食べていた。

気づくと手が動かなくなっていて、感覚が戻らないどころか痛くてたまらない。温かいお茶をもらって、ようやく痺れがおさまったけれど、一瞬の出来事にびっくりしてしまった。

出かける前、安曇野から見えたアルプスは、あんなに穏やかでやさしい姿だったのに。

木曽駒のおじさん

標高二六一二メートルまでロープウェイで行ける千畳敷《せんじょうじき》カールは、山頂まで登らなくてもアルプスならではの風景が味わえるので、四季を通じて人気のある場所だ。

そこから二時間ほどで登れる木曽駒ヶ岳に、夏の終わりに訪れたことがある。日帰りでも行けるところをテント泊にして、木曽駒ヶ岳から連なる伊那前岳《いなまえだけ》や、宝剣岳《ほうけんだけ》にも登った。

山頂下のテント場は閑散としていて、テントは数張りしかなかった。その日は霧に覆われたので、翌朝にテント場から二十分ほどのところにある山頂へ行くことにした。日の出前に起きると、天気予報どおり雲がなかったので、朝ごはんを早々に食べ、テントはそのままにして空身で出かけた。

中央アルプス最高峰の木曽駒ヶ岳の頂きには、木曽側と伊那側に社殿がふたつあって、木曽駒ヶ嶽神社の横には、祠ほどの小さな小屋があった。その中におじさんがちょこんと座り、微笑んでいるのか眩しいのか分からない表情で、一点を見つめている。こんな朝早くから人がいると思わなかったので、わるいこともしてないのにビクッとした。

御朱印、カップラーメン、ビール、木曽の地酒の七笑などが売っていて、登山相談所とも書かれていた。ここには寝泊まりできそうにないけど、おじさんはどこから来たのだろう。何時からここにいるのだろう。平日のこんな時間だから、私たちしかいないと思っていたので、幻でも見ている感じがした。

西側に広がる雲海の切れ間から、木曽の町が見える。標高二九五六メートルの頂きにも、だんだんと雲が流れてきた。

じっとこちらを見つめるまなざしに引き寄せられて、おじさんから山頂バッチをひとつ買った。表情を変えず、ぴくりとも動かず、ぴったり小屋におさまって座っているので、祠のなかのお地蔵さんみたいだった。

双子池
ヒュッテ
双子池
亀甲池
北横岳
2472m
七ツ池
北八ヶ岳
ロープウェイ
山頂駅
雨池山
2325m
雨池
茶水池
麦草峠

北八ヶ岳
ロープウェイ
山頂駅
縞枯山 2403m
茶臼山 2384m
麦草峠
白駒池
高見石
稲子湯
中山 2496m
ミドリ池
天狗岳
2646m
根石岳
2603m
本沢温泉
夏沢峠
オーレン小屋

聖岳 3013m
聖沢登山口
聖平小屋
赤石ダム湖
上河内岳
2803.4m
茶臼小屋
茶臼岳
2604m
沼平
ゲート
畑薙湖

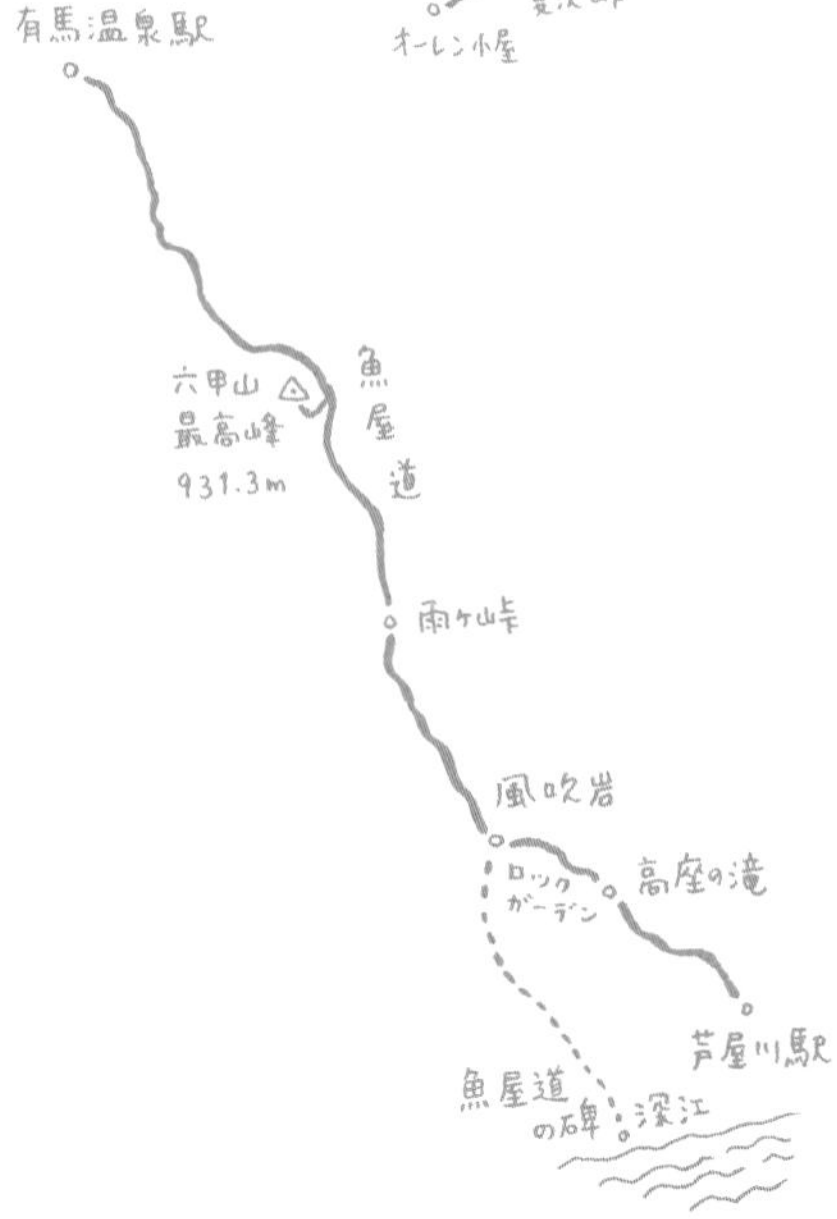
有馬温泉駅
六甲山
最高峰
931.3m
魚屋道
雨ヶ峠
風吹岩
ロックガーデン
高座の滝
芦屋川駅
魚屋道の碑
深江

八方池山荘
1830m
八方山
八方池
2060m
七倉岳2509m
七倉尾根
七倉ダム
折立
薬師岳2926m
竜晶池
太郎平小屋
高天原温泉
薬師沢小屋
水晶岳2986m
雲ノ平山荘
祖母岳
雲ノ平
祖父岳2825m
黒部源流碑
三俣山荘
三俣蓮華岳
2841.4m
巻道ルート
双六池
鏡平山荘
小池新道
新穂高温泉
地蔵岳2764m
青木鉱泉
観音岳
2840m
薬師岳2780m
南御室小屋
杖立峠
夜叉神峠
夜叉神峠
登山口
光岳
2591.5m
易老岳
2354
イザルガ
2540m
光石
光小屋

雲ノ平へ

細雨がしとしと降っている。明け方の富山駅のロータリーはしんとしていて、折立《おりたて》行きのバス停の前にはザックがひとつ置いてある。時刻どおりに来たバスに乗り込んだのは、私のほかに三人だけ。小屋開けしたばかりの北アルプスに向かう人は少ないようだ。長年の夢が叶って雲ノ平《くものだいら》に向かう私は、うきうきする気持ちと梅雨で鬱々とした気持ちが入り混じっている。それから逃げるように、もうひと寝入りする。

登山口の折立に着くと、ありがたいことに晴れ間が見えてきた。やっぱり登りはじめはこうでなくては。昨夜からのバスの移動で体が固まっていうことをきかないので、朝ごはんを食べてゆっくり出発の準備をする。

雲ノ平までは二日かかるから、今日は太郎平《たろうだいら》小屋か調子がよければ薬師沢小屋まで歩こう。せっかくだから薬師岳にも登りたいけど、欲ばりな気もする。そんなことを考えながら登っていたら、樹林をぬけて草原に出た。あちらこちらに黄色いニッコウキスゲが咲いていて、雲の合間からは有峰湖《ありみねこ》が見える。いつの間にか標高を上げていたようだ。

ゆく先に目をやると雲がどんどん流れ、一瞬、緑の丘の向こうに白っぽい大きな山が現れた。急いで地図を広げて確かめると、薬師岳だった。わあ、これは登りたいぞ。むかしは女人禁制の信仰の山だったという薬師岳は、大らかで品があって、見たら登ってみたいと思わせる山だ。だからこそ、この山旅に盛り込んでしまうのは、もったいないかもしれない。眺めるだけと決めて歩いていたら、人でにぎわう太郎平小屋に着いた。ますます薬師岳がきれいに見えるので心が揺れる。山頂に着く頃には雲のなかに入りそうだしと、思いを断ち切るようにそそくさとお昼をすませて薬師沢へ出発した。

急降下して沢に出ると、森閑としたなかでひとり歩きになった。カッパが出現すると『黒部の山賊』に書かれていたカベッケが原に着く。戦後まもなく黒部源流域に足を踏み入れた伊藤正一さんが書かれたこの本には、山賊と呼ばれていた猟師たちとの出会いや、三俣蓮華《みつまたれんげ》小屋（今の三俣山荘）を再建していく話が、まるで物語のように描かれている。

読んでますます雲ノ平という地に思いを募らせていた私は、北アルプスの奥深いところを歩いているのも相まって、ほんとにカッパに会いそうな気がしてきた。ふと、誰かが見ているような視線を感じた。そっと頭を動かしてその方向を見ると、大きな葉を傘のように放射状に広げて、その中央にピンクがかった白い花をつけたキヌガサソウだった。たくさんの顔が、一斉にこちらを見ているみたい。さすが、「カッパが化ける原」だ。

木道歩きがこたえて、足に疲れが出てきた。折立を出発して七時間近く経とうとしてい

る。地図をみると、薬師沢小屋はそろそろのようだ。

　木道に使われている木材の隅に数字が書かれていて、一本ごとにその番号の数が小さくなっていく。それが1になったところで木道が終わりなのだろうか。声に出して数えながら歩いていたら、沢の音が大きくなった。

　薬師沢と黒部川が合流するところに、薬師沢小屋はあった。泊まる人が少ないので個室をもらったのだけど、長い蟻の行列を見つけたので、大部屋に移ってもいいか小屋番さんにたずねたら、男性がひとりいるけれどよければと教えてくれた。見にいくと、ザックが入り口にいちばん近い壁に置かれていた。広くて居心地のよさそうな空間で、反対の端な

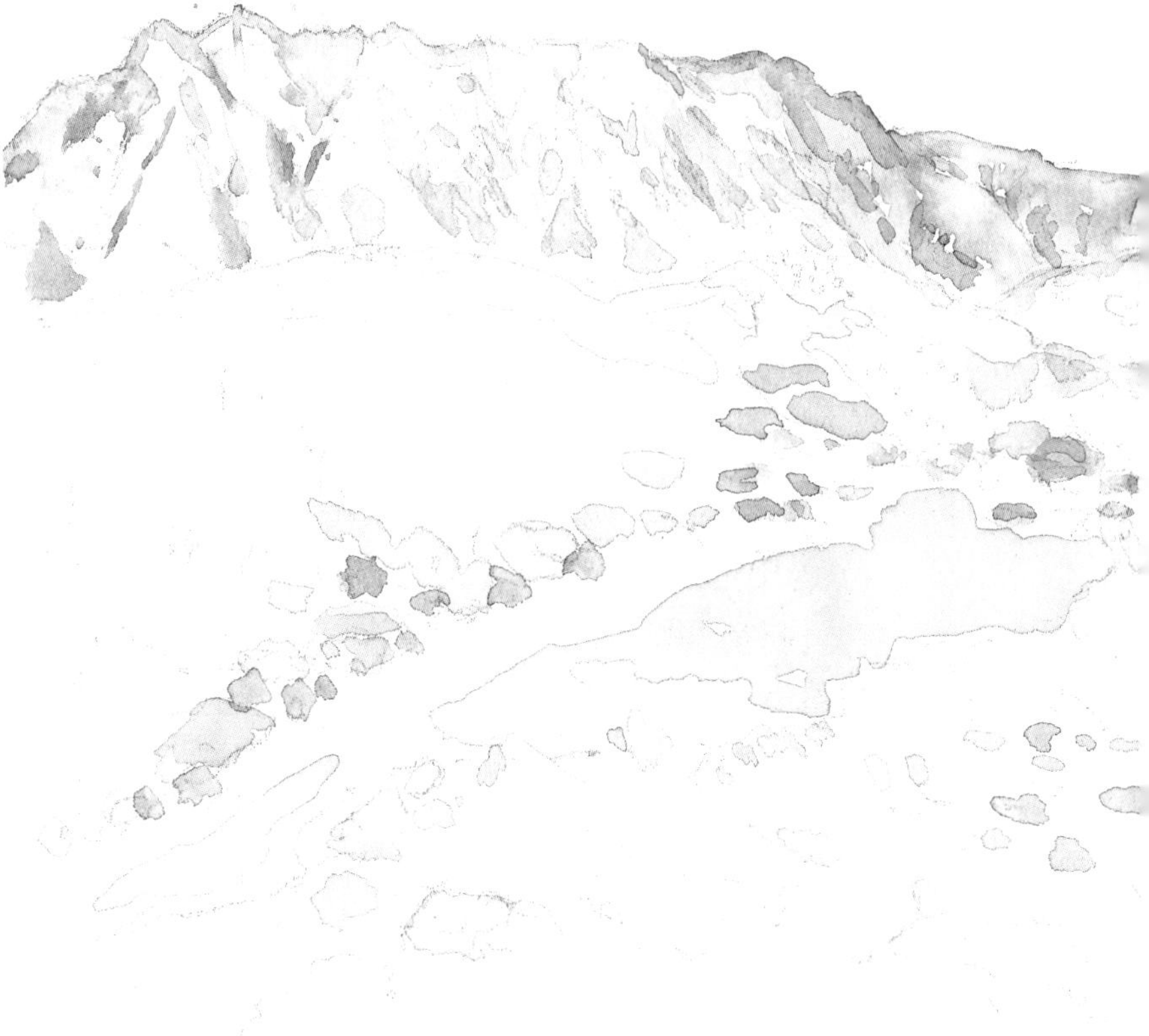

らお互いのプライバシーも守れそうだったので、ごはんのあと移動することにした。

川向こうで釣りをする人を眺めながら、二階のベランダで夕飯を作った。黒部川上流で釣りをしたいために、二日も山のなかを歩いて来たのだろうか。向こうからすれば、釣りをしないのに、なぜここまで来たのかと思うだろうか。釣り人が戻ってきたので気づかれないように一階をのぞくと、釣り道具をひとつひとつていねいに仕舞っていた。顔には出てないけれど、体中からうれしさが溢れていて、思わず見入ってしまった。

二階に上がってきたのであいさつを交わし、お互いに予定をさらっと話したあと、川を見ながら黙って食事をした。先に部屋に戻り荷物の整理をしていたら、釣り人の空気を乱したくない気持ちになって、大部屋に移るのをやめることにした。蟻の行列を避けるために食料を宙に吊ったりしてたら、いつのまにか日が暮れていた。

起きたら快晴だった。梅雨の合間の貴重な空なので、急いで準備して出発する。大きな石がゴロゴロした急坂を二時間ほど登ると、アラスカ庭園に出た。

だれもいない静かなここが、北アルプス最奥の地、雲ノ平か。広い溶岩台地は、ハイマツが庭園のような情景を作っていた。ナナカマドの白い花やハクサンイチゲの花畑が、北アルプスの初夏の便りだ。小高い丘のような祖母岳に登ると、アルプス庭園が広がっていた。たくさんの池塘《ちとう》がのびのびと有機的な形を作っている。

庭園の名前は、この地を開拓した伊藤正一さんが名付け親で、他に日本庭園、ギリシャ庭園、スイス庭園などあって、広い台地で位置を教えてくれる。

はじめて雲ノ平を見たのは、裏銀座縦走の途中、水晶岳の山頂からだ。広大な溶岩台地は、上から見ると緑の森のようで、そのなかに赤い屋根の雲ノ平山荘がぽつんと見えた。今は水晶岳が背景になって、点在する池塘の向こうにその建物が見える。森林限界のここには高い樹木はなく、森のように見えていたのは地面を這うような低いハイマツだった。

深い雪に覆われる長い時間をなんども経て、気の遠くなるような苦労を乗り越えて、自然がきびしいこんなところに山小屋があるおかげで、私は北アルプスの秘境のなかにいる。台地を囲うように連なる有名どころの山々は、薬師岳も水晶岳も鷲羽岳《わしばだけ》も三俣蓮華岳も黒部五郎岳も、ここでは自然が作った庭園の背景になっていた。こんな壮大な自然の物語を知ることができるのは、先に歩いた勇気あるひとりがいたからで、それを継いで先につなげようとする人がいるからだ。その山小屋が今、日本の国立公園の問題を背負って、悲鳴をあげている。

朝、雪ノ平山荘の窓を開けると、目の覚めるような情景だった。青紫から牡丹色、紅色から黄金色へと帯の空がうつろっている。それが池塘に反射して、水面が茜色に染まり、水晶岳は藍色のシルエットになって、稜線を浮き上がらせていた。

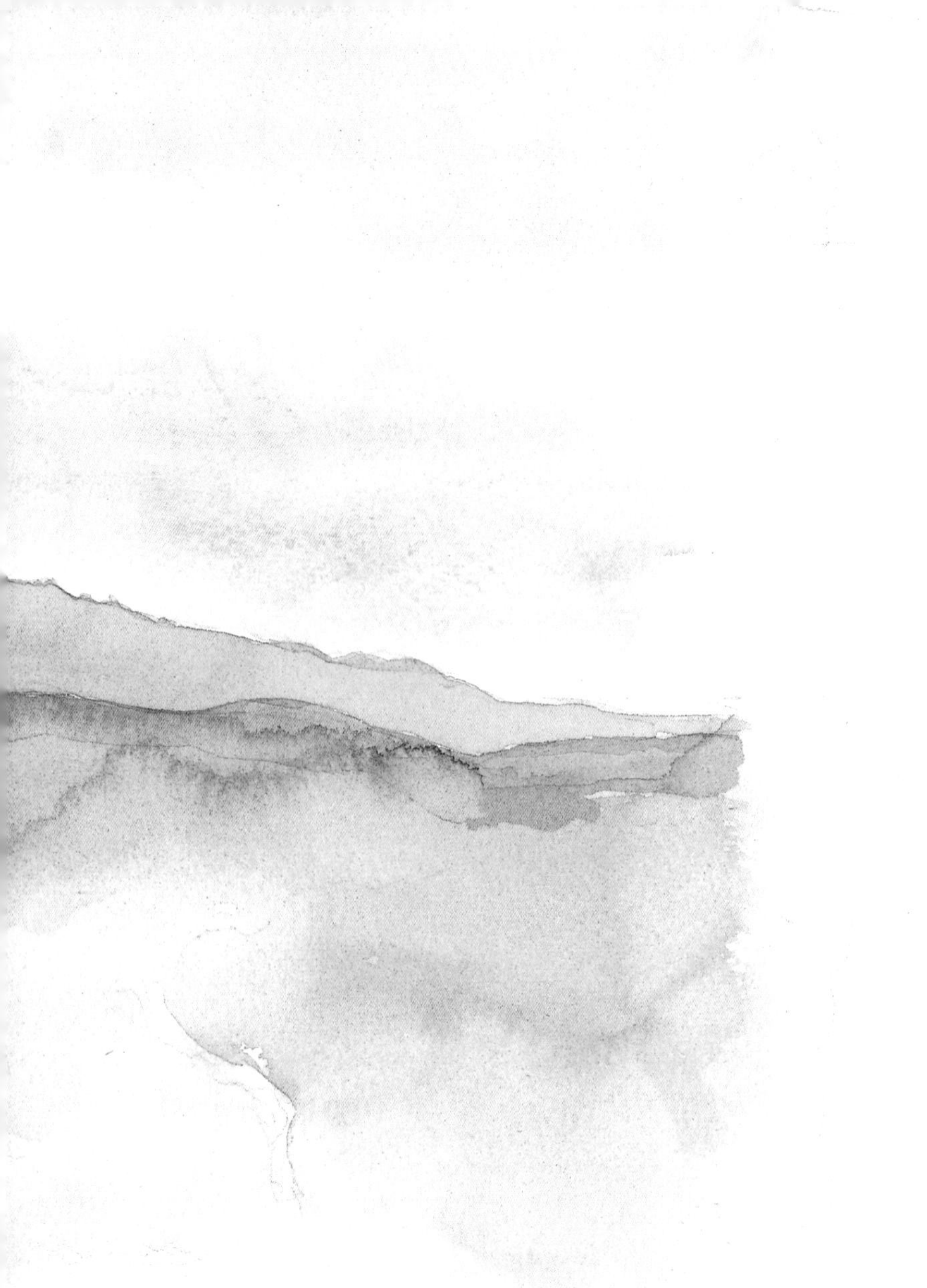

地図とトレイルと線

子どもの頃から地図を見るのがすきだった。親の運転する車の助手席で、道路地図を見て行き先を伝える役目をよくやっていた。カーナビになってからは地図を開くことがなくなったけれど、山に行くようになってまた、紙の地図を見るようになった。

山から帰ってきたら地図を広げて、歩いた道を赤い鉛筆でなぞる。体が線の内容を覚えているので、一本のなかにその景色が含まれてゆく。地球の表面を体でなぞっているみたいで、線をどんどんつなげたくなる。

地理院地図のサイトから、歩いたところの地図を出力して、何枚かに渡った紙をテープで貼り合わせると、トレイルの線が途切れない。地道につなげていたら、山に行くごとに大きくなった。歩いたところだけが地図にな

るので、紙の周囲はデコボコしている。

ときどきその手作り地図を、太陽の方向に南を合わせて、絨毯のように床に広げる。その中にすっぽり体が入ると、方角や歩いた距離、山や街の位置が実感できておもしろい。

でも、六畳近い大きさになって、広げるのが面倒になってきた。

☆ 面

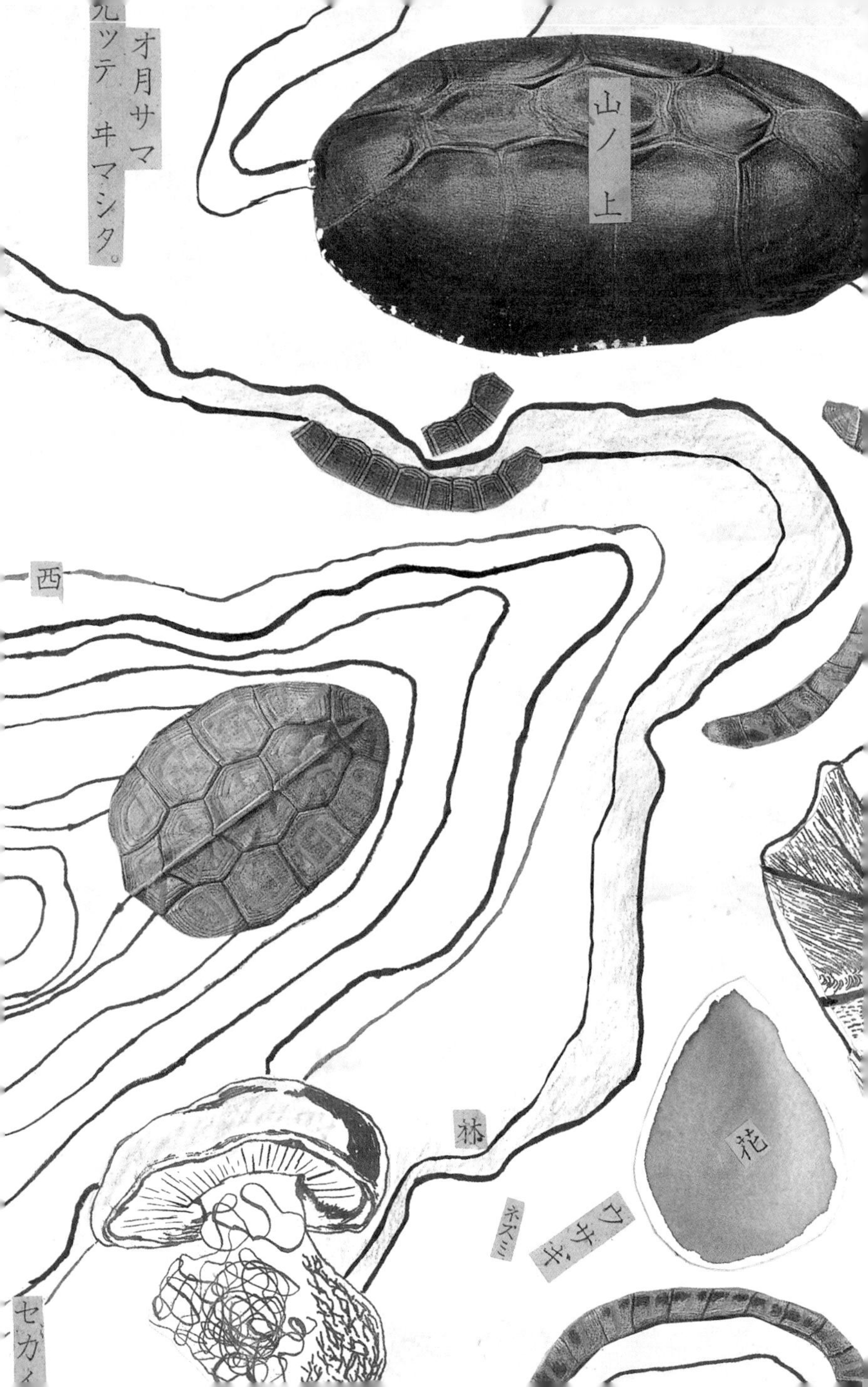
オ月サマ
ツテ　井マシタ。
山ノ上
西
林
花
ネズミ
ウサギ
セカ

白いモンブラン

イタリア北西部、フランスとスイスの国境にほど近いところに、アオスタという谷合いの小さな村がある。イタリアの友人の実家があって、冬に遊びに行ったことがある。国境になっているモンブランやマッターホルンなどのアルプスの山々で、夏はハイキング、冬はスキーをして育ったという。

晴天に恵まれたある日、モンブランを越えてフランスのシャモニーへ、スキーで滑り降りようということになった。私は無理というと、前日のへっぽこな滑りを見ているのになにを思ってか、あれくらいなら自分たちがフォローすれば大丈夫、ゴンドラで上がれるところまで行ってみて決めよう、無理だったらイタリア側のゲレンデを滑り降りてくればいい、家で合流しようという。

はたして、三四六六メートルまで上がると、フランス側はかなり吹雪いてるとのことで、上級者の友人らのみ決行した。私は彼らを見送ったあと、ぽっかぽかの陽射しを浴びながら、おいしいパニーニを食べて白いモンブランを満喫した。そしたらすっかり滑る気が失せたので、スキー板を担いでこっそりゴンドラで降りた。

Mont Blanc
4810m MK.

桂の匂い

何年も前から、気になることがあった。ある時季だけそこを通ると、どこからともなく漂ってくる甘いぶどう酒の匂い。

家の近くのサイクリングロードをジョギングのコースにしていたことがあって、あるとき走っていたら甘い匂いが漂ってきた。その香りは毎年、秋のある時季にだけやってきた。近くにぶどうを加工する製造所かなにかあって、ある工程で放出される香りが、風にのってやってくるのだろうか。そんなことを考えながら走っていた。そこ以外でこの匂いを嗅ぐことはなかったので、そこを通らなくなってすっかり忘れていた。

ある日、公園を歩いていたら、またあの懐かしい匂いがどこからかふわっとやってきた。ひさしぶりに嗅ぐあの甘い香り。ある一箇所に立ったときしかその香りはせず、数歩離れると消えてしまう。匂いのもとを探したけれど、分からなかった。そのときはまだ、それが足もとから来ているとは思いもしなかった。

長い縦走を終えて、上高地に下りてきたときのこと。

散策をしていた年配の女性が横を通り過ぎたあと、「これこれ、綿菓子みたいな匂い、桂の葉」と旦那さんとおぼしき人に言うのが聞こえた。私は振り返って、女性のいる場所を確認し、ふたりが去ったあと急いでその場所へ行ってみた。

地面には、黄色い葉がたくさん散らばっていた。ひとつ拾ってみると、丸くふっくらしたハートの形をしていて、細かい弧が連なってフリルのような輪郭を作っている。鼻に近づけて嗅いでみると、まさしくあの匂いだった。匂いが強いものとほとんどしないものがあって、黄色が濃いほうが甘い香りがした。

長いあいだ謎だった匂いのもとは、黄葉した桂の葉だった。私にとっては綿菓子ではなく、ぶどう酒の香り。

いつも夕方にジョギングしていたので、この匂いを嗅ぐとお腹がすいてくる。走り終わったらなにを食べようかと、赤ワインに合いそうな料理を思い浮かべていたけれど、お醤油の香ばしい匂いと感じる人もいるようだ。

匂いのもとは、あの甘い香りにお似合いのかわいらしい姿をしていた。

雨の北八ツと双子池

信州を家族で旅行したときに、北八ヶ岳の坪庭自然園を歩いたことがある。そこから一時間ほどで北横岳《きたよこだけ》の山頂に立てることや、こんな山のなかにいくつも池が点在していることは知らなかった。

山登りをはじめて八ヶ岳に出かけるようになると、せっかく遠くまで来たのだからと欲がでて、山頂までが長いルートを選んでしまい、北横岳に行く機会を逃していた。

小雨のなか、キンロバイ、ヤマホタルブクロ、オニアザミが咲く懐かしい坪庭を歩く。登山路に入りジグザグ道を登ると、息が上がってきたので、ひと息入れるために立ち止まって振り返ると、眼下に坪庭が広がっていた。深い緑のなかにカラフルな点々が見えて、人が歩いているのが分かる。雨が止んで遠くまで見渡せるようになると、さっき出発した北八ヶ岳ロープウェイの山頂駅や、縞枯山《しまがれやま》が現れた。

ヤナギランが咲きほこる北横岳ヒュッテでコーヒータイム。この花はカモシカの大好物で、昔よりだいぶ少なくなったんだそう。外のベンチに荷物を置いて小道を下りると、ひとつ目の池、七つ池があった。オオシラビソやハイマツに囲まれた湿地からつながってゆく池は、手前と奥にふたつあった。畔のナナカマドは、葉のいち部分が赤く染まっている。見上げると、雲の隙間から少しだけ青い空が見えた。

標高二四八〇メートルの北横岳北峰頂上に到着。登ってくる人が口々に、まっしろけっけー、と言っている。天気がよければ、蓼科山《たてしなやま》やその向こうに北アルプスも見えるらしい。なにも見えないのでしかたなく足もとに目をやると、赤い石がゴロゴロしていた。

亀甲池《きっこういけ》経由で双子池へ向かうほうへ下ると、急に風が冷たくなった。大木の根元の大きな石の隙間に、ヒカリゴケを発見。暗闇のなかで蛍光黄緑のつぶが光っている。樹林帯のきつい傾斜の下りが続くので、気を紛らわすためにキョロキョロして、ヒカリゴケ探しに没頭した。

ようやく二つ目の池、亀甲池に到着。大きい石の上に立って池を見渡すと、湖底に黒い線の模様が見える。その形が亀の甲羅みたいだから、亀甲池というらしい。黒い線の正体は石。その他の部分は砂。

どうして石が線のように並ぶのだろう。いや、そうじゃなくて砂が石の上を覆って、出ている部分が線になっているのかも。水面が揺れると、さざ波みたいに砂が動くのかな。

あれこれ想像しながら、おにぎりを食べて絵を描いた。なぜ亀甲状になるのか、知っていた気もするけど忘れてしまった。そもそも正解に興味がなかったのかも。

起伏のない登山道を、のんびり歩く。雨水をいっぱい吸い込んだ葉が、青々している。苔むした原生林のなかを進んでゆくと、樹林のあいだからキラッと光るものが見えた。現れたのは、三つ目の池、双子池だった。水面に近づくと、底まで見えた。テント場はこちらの雌池《めいけ》、泊まる山小屋は、池の畔を半周した先にある雄池《おいけ》のほう。雄池の水は飲めるらしい。

小高い丘に建つ双子池ヒュッテから見下ろすと、池を囲んでいる森の佇まいが、外国の古いポストカードのような風景で、どこか洋風な雰囲気がある。さっきからずっと、優しい眼差しがヒュッテの窓辺から双子池のほうに注がれている。窓枠に肘を掛けて外を眺めているのは、小屋のご主人のようだ。

「木のむこう、下のほう」、絵を描いている私にささやく。目配せするほうを見ると、池畔のカラマツ林から、ひとり、ふたり、登山者が湧いて出てきた。「ついたついた、七人いないな、はい、おつかれさん」、ひとりひとりに声をかけている。数えてみるとたしかに六人だ。大岳越えのしんどいルートで、だいぶお疲れの様子。いつもこの窓辺から雄池を見つめて、来る人を数えているのかな。

「ごはんができたよ」、ふたたび声がかかったので描くのをやめて小屋に入った。「豚汁とごはんはおかわり自由だよ」、ご主人より少し若い男性（弟さんだった）が言ってまわる。ご主人の窓辺は厨房のとなりの部屋で、傍らには杖が置かれていた。

壁に貼ってある「双子池の伝説」を読んでみると、名主の息子、与七郎とお染の悲恋話で、双子池は年にいちど増水してふたつの池がつながる、と書かれていた。伝説じゃないほうは、北八ヶ岳には火山活動によってできた池が点在していて、双子池はもともとひとつだったのが、溶岩流で二分されたらしい。夜半、雨が激しくなる。

翌日も雨は降り続いた。しばらくは林道歩きなので、傘をさして出発。カラマツに藻のような糸状のサルオガセが垂れ下がっていて、そこについた雨粒が光って揺れている。原生林に入ると、青い苔の絨毯にキノコがひょっこり顔をのぞかせて、鮮やかな色彩で誘ってくるので、なかなか先に進めない。

森をぬけると、雨池《あまいけ》に出た。池というよりでっかい水たまりだ。名前のとおり、雨が作った池の水量は、いつも変化しているみたい。池が小さくなって、八柱山《やばしらやま》側の東岸が泥の砂地になっていた。その上をずぶずぶ歩いて、真ん中あたりまで行ってみる。

雨雲のせいでまっ黒く見える雨池山を背に、雨の線がくっきりと浮かび上がって、浮世絵に描かれた雨のよう。こんなに細やかできれいな雨の線、見たことがない。

映画で雨を撮影するのは、たいへんな費用がかかると聞いたことがある。雨のときに撮影すればいいのではと思うけど、ふつうの雨では映像に映らないそうだ。それで大量の水を使って雨を作るので、費用がかかるのだとか。

ということは、こんなにくっきり見えるのは、どしゃぶりだから？　と思ったけれど、それほどでもない。後ろの山が黒く見えるから、白い線状の雨がはっきりと映るのだろう。斜線の雨は、ほんとに広重か北斎の描いた浮世絵みたい。ぼーっと見惚れていたら、体が冷えてきた。

雨と雲のカーテンに包まれた二日間は、深山のなかに点在する池のように、外の世界から孤立していた。山上の池には雨が似合うと思ったのは、すこし悔しまぎれもあるけれど、うそでもない。

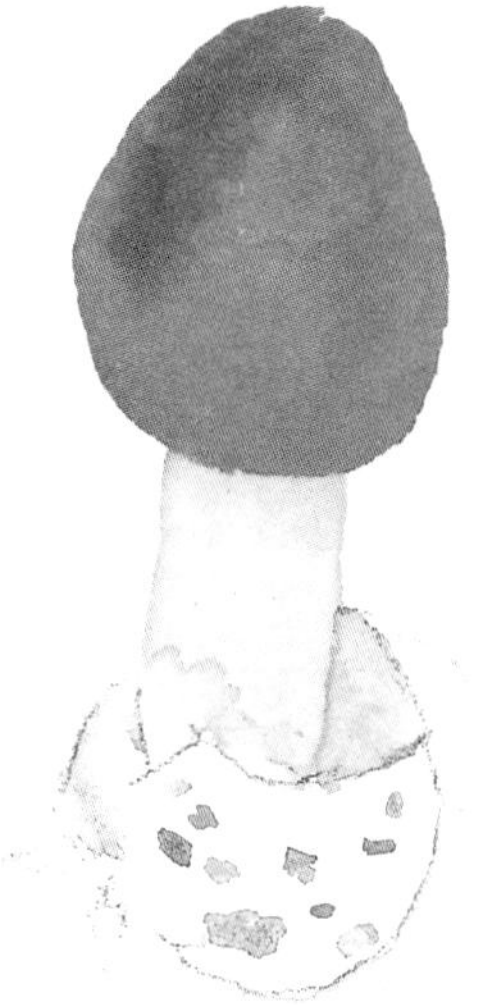

羨ましいホシガラス

南御室小屋のテント場

ポツポツと雨があたる音がする。時計を見たら五時だった。テントの通気口から外をのぞいた。ヘッドライトの列が闇に消えてゆく。雨のなか撤収するのはいやだなと思いながら目をつむった。いよいよトイレが我慢できなくなって外へ出ると、とっくに雨は止んでいた。

南御室《みなみおむろ》小屋から森へ続く奥のほうに幕営したせいで、樹木から雨のしずくが引っ切りなしにテントに落ちていて、それを雨だと勘違いしていたのだ。開き直ってゆっくり食事をし、撤収作業にとりかかる。

おかげで薬師岳への稜線に出たとき、ひょっこり雲海から顔を出した富士山に会うことができた。

六甲山を越えて有馬温泉へ

はじめて覚えた山の名前は、六甲山だ。小学校へ上がるまで関西にいたので、なんどか家族でドライブしたことがある。

大阪に用事があったとき、前乗りして登ってみることにした。六甲山はいくつもの山が連なっている山塊全体の呼び名で、六甲山という名の頂きはない。

大小ある山のなかで、九三一メートルの六甲山最高峰を目指すことにした。芦屋川駅から出発し、山頂を通って有馬に下りるルートだ。車で神戸から六甲を越えて有馬温泉に行ったことがあったので、そこを足で歩いてみたかった。江戸時代に神戸の海で獲れた魚を有馬まで運んでいたという、魚屋道《ととやみち》というのも通ってみたかった。

平日の早朝、芦屋川駅にはザックを背負った人がいない。人が眠ってる時間に知らない街を歩いてたら、寄る辺ない気持ちになったので、大手を振ってみた。高級住宅地をぬけて坂道を登っていくと、散歩しているご老人がたのしそうに、おしゃべりしながら下ってきた。私もこのくらいの歳になったら、近所に馴染みの散歩仲間がいて、朝がこんなふうにはじまったらいいなと思う。

登山口近くにある高座の滝で、藤木九三さんのレリーフに手を合わせる。この先に、伯父がＲＣＣの仲間と岩登りをしていたロックガーデンがある。藤木さんが命名したロックガーデンは、日本のロッククライミング発祥の地でもあるらしい。

その中央稜を通って風吹岩へ出ると、この辺に住みついている猫が、大阪湾が一望できる陽のあたる一等地で、主のようにゆったりと寝転がっていた。風吹岩までは登山口の高座の滝から四十分ほどなので、ここまで来て折り返す人が多い。

きつい最後の七曲りを登りきると一軒茶屋が見えた。山頂かと思ったら、すぐ横を車が通っていて拍子抜けした。車道を渡って五分ほど登ると、朝陽に光る海面が風吹岩からの大阪湾より大きくなって見えた。北側はグラウンドのように真っ平らな地面で、ぽつんと立った木の柱に近づくと「六甲山最高峰九三一m」とある。向こう側には、有馬温泉の街並みが見えた。

そのむかし、神戸の海で獲れた魚を、六甲山を越えて有馬まで運んだのは、涼しい季節限定だったんだろうか。六時間も歩いていたら、魚が傷みそう。塩漬けや天日干しして運んだのかな。草鞋を履いた魚屋は、どのくらいで歩いたのだろう。

有馬に下りる魚屋道は、落葉が進んでいて、黄金色の山道だった。私は後ろに人がいないのを確かめてから、黄葉したはっぱを蹴散らしながら、酔っ払いのようにくねくね歩いて魚屋道を下りた。

こいのぼりと残雪の奥穂

昨夜は寝たのが四時半になってしまった。十一時に起きて準備の続きをして、夕方、買い物に出かける。百均で銀マット、別の店でナッツを買う。近所で髪を切り、いちど家に戻ってまた出かける。ATMでお金をおろす。夜ごはんは、冷蔵庫の食材の片付け。あっ、明日の朝ごはん用おにぎりを作り忘れた。ドライブインで買おう。

二十一時二十五分、家を出る。バスタ新宿は混んでいる。ザックにピッケルを付けた雪山装備の登山者がたくさん。いつものように夜行バスではあまり寝れず、三時過ぎにようやくウトウト。

五時十分、上高地に到着。少し腹ごしらえをして、六時に出発。

八時四十分、横尾。テント装備に雪山装備、加えて三日分の食料で、慣れた道もザックの重さにへばる。梓川沿いの登山道に雪はなく、所々に避けられた雪が積み上がっている。横尾の橋から、雪をかぶった前穂高岳が見えた。

本谷橋でアイゼンを付けたけれど、まだなくてよかった。シャーベット状の雪が重たくて足が上がらなくなる。後ろから来る人に抜かされて、休んでいる間にまた抜いて、結局ずっと同じ顔ぶれ。急な登りにみんなバテ気味。あと十歩歩いたら休憩しよう。気を紛らわすために歩数を数える。

小屋が見えてからがさらに長かった。一歩前に足を出すのがひと苦労。ここはエベレストか！　テント場は目の前なのに、その数歩のなんとしんどいことか。ザックが重くて肩も痛い。テント、シュラフ、ピッケル、ヘルメット、食料、飲料水、なんだかんだで十四キロはかなり抑えたつもりだったけど、冬靴にアイゼンを付けて、重くなった雪道を登るのがこんなにきついとは。日頃の運動不足がたたっている。九〇〇ミリリットルのテルモスを、小さいほうにすればよかった。お湯は本谷橋で一杯しか飲まなかったし、天気がよくて暑いくらい。

テント場に着いて、整地されているところを探す。持ってきた木のペグは使わないことにした。疲れきった体がスローモーションのようにしか動かないから、雪の上にテントを張るのに時間がかかる。小学校の低学年のときのテント合宿の記憶が蘇ってきた。大雨でテントの中に水が入ってきたので、ずぶ濡れになりながらテントの周囲に溝を掘って、雨水の通り道を作った。過酷な状況のなかで土を掘りかえしていたら、高揚してきて雨に打たれている自分に酔いしれた。でも今は、憔悴しきっているだけだ。

ひと段落してコーヒーを飲む。テント内は気温七度。昨日買った百均の銀マットが結構

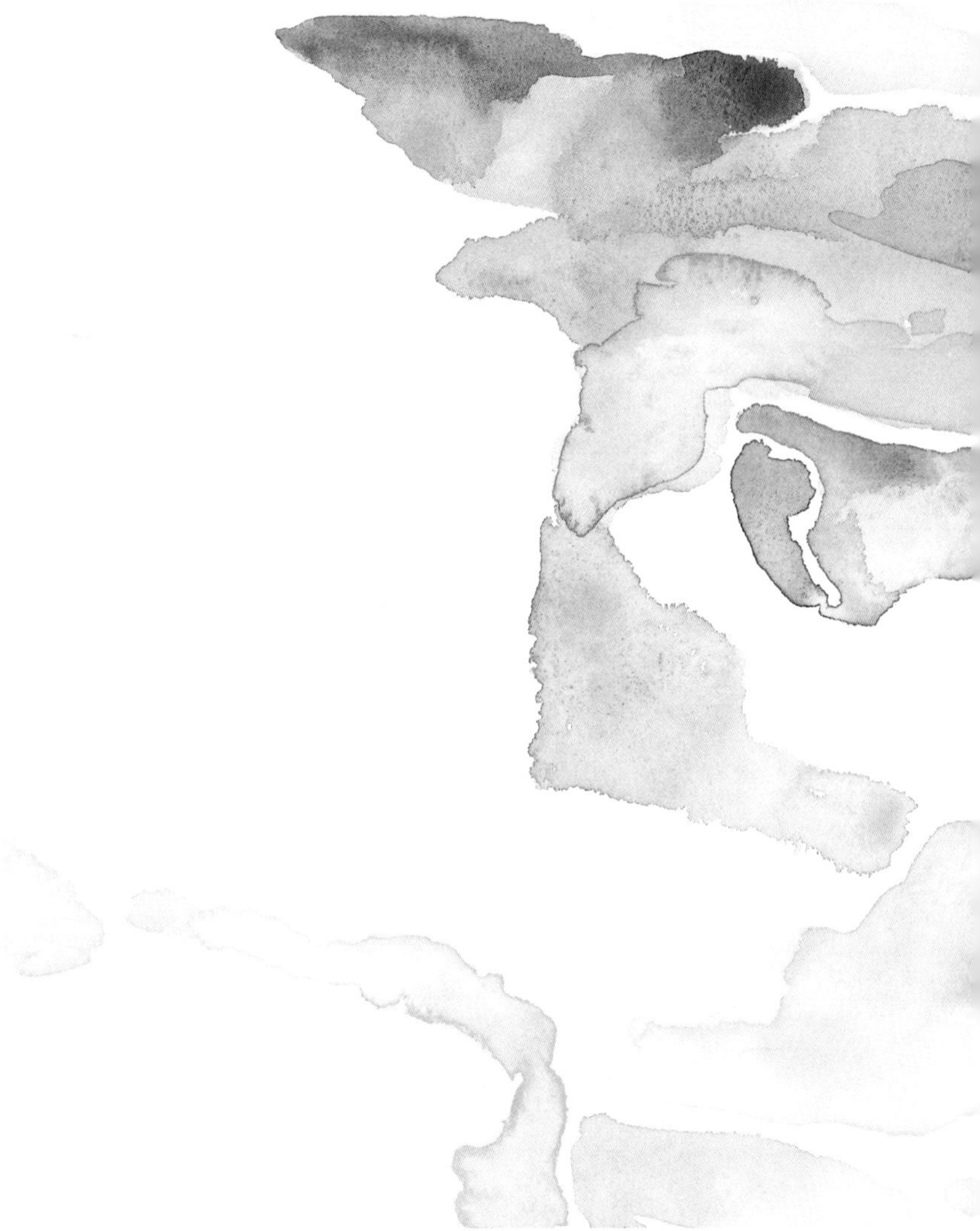

いい。お昼ごはんにラーメンを作る。仕込んできた塩豚を入れたのがおいしかった。これからの山のメニューに加えよう。お湯を吹きこぼし、本を濡らす。

明日穂高岳山荘まで登ろうと思っていたけれど、今日の様子だと行けそうにない。こんな上がらない足でザイテングラードを登ったら、アイゼンをひっかけて滑落してしまう。左膝の裏もつり気味だし。ザイテンの手前まで行ったら引き返して、涸沢でゆっくりしよう。それにしても、重いザックを背負って締まっていない雪の急登を歩くことの、なんと大変なことか。昨夜はバスで眠れてないし本当に疲れた。だいぶ時間がかかったと思っていたら、無雪期と変わらなかったのは意外だった。

寒くて寝つけず、時計を見たらまだ十時。テント内の気温は〇度。

外から話し声がする。マイケルという人が昨夜寒くて眠れなかったので、プラティパス（プラスチック製のソフトボトル）にお湯を入れて、シュラフにつっこんで湯たんぽにしたと話している。私もやってみる。蓋をしめる前にボトルが倒れて、大量の水をテント内にぶちまけた。幸い銀マットの凹みに溜まって、広がらずにすんだ。雑巾で吸い取ってコッヘルに入れ、溜まった水を外に出す。この騒動でテント内は五度まで上がって、体も温まる。その勢いでテントを飛び出し、我慢していたトイレへ行く。

ザックの背も濡れてしまったし、明日は大人しくしてなさいってことだな。小屋のテラスでしばらく満天の星空を眺めた。こいのぼりが四匹、真横にたなびいている。水平に泳ぐこいのぼりをはじめて見た。テントがバタバタうるさいから、ペグが外れてしまったのかと思っていたら、風がこんなに強かったのだ。

帰り道、自分のテントがわからなくなって迷う。なんど行ったり来たりしても見あたらず、寒くて凍えそうになり焦る。凍死しそうになったら、知らない人のテントに声をかける勇気があるだろうか、と考えながら必死に探し、やっと我が家に辿り着く。

思ってもないことがたくさん起こる。どうせ今夜は寒くて眠れないから、開き直って夜更かししよう。明日はここでゆっくりして小屋に移るか、標高を下げて徳沢か小梨平に幕営してもいい。とっておいたカイロは、全部使ってしまうことにした。

四時半に起きて、フォーを食べる。モルゲンロートを見るために外に出たら、テントの人も小屋の人も、みんな山のほうを向いて立っていた。北穂の斜面に目をこらすと登っている人が見える。夜明けがはじまると、陽に照らされた奥穂高岳、涸沢岳、北穂高岳の山肌がほんのりピンク色になり、どんどん濃くなって白い雪面がバラ色に染まった。

六時半、とりあえずザイテングラード手前まで行こうと出発。いらない荷物をテントに置いてザックが軽くなったせいか、二日目で体が慣れたせいか、昨日とは別人のような私の体。風はなく、陽射しが暖かくて気持ちいい。雪は締まっていて登りやすく、イワヒバ

りがさえずりながらついてくる。振り返ると涸沢のテントは点のようになっていて、屏風の頭の向こうに、常念岳が大きく見えた。とりあえずと思っていた地点も過ぎてしまい、左を向くと前穂北尾根と雪面の斜度が同じくらい。かなり急だけど、雪の硬さがほどよくて、アイゼンもピッケルもきくのであまり怖くない。気づいたら、終わってしまうのが惜しいくらい前向きな気分で、ザイテングラードを登っていた。

九時過ぎ、穂高岳山荘に到着。ホットミルクを飲みながら考えた。この先に進むか、ここで終わるか。私は奥穂山頂のことを思っていた。昨日、山頂付近の雪の状況を小屋の人に確認していた。へばりながらも、ほんの少しの自分への期待を捨ててなかったのだ。ここまで来れたからもういいか。でも、時間はたっぷりある。体調よし、雪のコンディションよし、風はなく天気も安定している。こんな日を逃したらもったいない気がした。前に奥穂に登ったとき、こんどはここから白い北アルプスを見たいと思った。それが叶うかもしれない。次に来たときは吹雪いてだめかもしれない。

問題はふたつの雪壁だ。ピッケルを使いこなせるだろうか。ステップは刻んであるようだけど、私が行ける壁なのか。登れたとしても下りるほうが難しい。ホットミルクを飲み終えるまで考えて、雪壁の下まで行って無理そうだったら撤退することに決めた。

ハシゴと鎖の最初の取り付きを通り過ぎて、ひとつ目の雪壁の真下に来ると、何人か並んでいた。ピッケルを持たずに登った人が下りれなくなったようで、山岳警備隊の人がロープを張って下りてくるのを待っている。ピッケルを持たず登ってしまったのか、なんと無謀な。いや、私も無謀なのか。こうなったらどうしよう。挑戦と無謀について考えた。石橋を叩きすぎて壊すタイプだよね、と前に友人に言われたことを思い出す。昨日、テントからザイテングラードの斜面を見たとき、怖そうと思った箇所は、来てみるとそうでもなかった。行ける。自分が決めたことを信じて、前に進むことにした。ピックを刺して雪面に固定しているか確かめながら、ていねいに足を運んでゆっくり登った。どきどきしながらも、ふたつ目の雪壁はコツを摑んだ。

昨日の朝、河童橋から見上げた奥穂高岳の山頂に立った。白い稜線が、深く青い空を裂くように連なっている。白と黒のコントラストがついたアルプスは、イケメン度を増していた。折り重なった山々は、見覚えのある山が違う顔つきに見える。いつまでも眺めていたいけれど、もう行かないと。あの雪壁の下りがあると思うと気が気でない。

奥穂まで行くという自分が選んだ道が、無謀でなかったと分かって安心したのか、登りより落ち着いて下れた。穂高岳山荘で休んでいたら、山頂でお会いしたベテランの方が、一緒に降りますかと声をかけてくださり、心のなかで師匠と呼びながらすぐ後ろをついて下った。師匠が急斜面のザイテングラードを走るように駆け下りるので、思いきって真似をして駆け下りたら、そのほうが力がぬけて安定するので、楽でたのしかった。あんなに躊躇していたけど、やってみないと分からないことだらけだった。

あの日、山頂に立たなければ、会えない人に会えた。

こうやって進んだ先で出会った景色が、いつかまた新しい勇気を運んでくれるかもしれない。

家から見える山

実家のベランダからは、丹沢の山並みが見える。天気のよい日は、その稜線から夏は真っ黒な、冬は真っ白な富士山が、ちょこっとだけ顔をのぞかせる。その風景がすきだ。

山の上からは、どんなに遠く小さくてもその存在をアピールするのに、ここでは丹沢のほうが堂々陣を張っていて、富士山はいやいやと後ずさってるようで控えめなのだ。

陽が沈むと、丹沢の稜線の向こうが真っ赤に染まり、日によってさまざまな夕景を見せてくれる。

ときどき母から、スマートフォンで撮った夕焼け写真が送られてくると、東京の家からは見えない山に沈むその日の太陽を思い浮かべている。

今年の元日は、富士山は雲に隠れていたけれど、黒々とした丹沢の稜線と紅色の空は、気持ちいいほど潔く、天と地を分けていた。

山に行くのはおっくうだ

山へ出かける日の朝は早い。日帰りならともかくテント泊になると、数日分の食料の準備をしたり、登山口までの交通機関を調べたり、山中のルートを確認したりと面倒なことが増えてくる。そのぶん深山のたのしみは格別なのだけど、早起きが苦手、出不精で優柔不断な私がよくやるなあと思う。

行くと決めた途端、気持ちが上がって行動力のある人になるのは、我ながら別人に変身したみたいだ。とはいえ、夜明け前の暗いうちから眠り足りない体を起こしてごそごそと仕度をしているときは、なにやってるんだかと自問自答する。行かなければもっと寝ていられるのに。ひとりで出かけるときは、寸前まで揺れていることもしばしばだ。

ある日のこと、天気が悪かったので行くのを取りやめた。残念ではあったけれど、忙しいときに無理に行かずにすんでよかったと、なんだかほっとしているのに気づいた。あれ、私は本当に山に行きたかったのかな。行きたい気持ちとおっくうな気持ち、両方の私が見え隠れする。

ただ、天気がいまいちで気分が乗らないときも、それどころかひどい雨でずぶ濡れになったときも、来なければよかったと思ったことはない。山のなかで、妖精かなにかに魔法でもかけられるのだろうか。雨に煙る山の匂いも、そのひとつかもしれない。

光る石のある山

通称テカリと呼ばれる光岳《てかりだけ》の名前の由来は、山頂の近くに白く光る大きな石があるから。光石《てかりいし》と言われるその岩峰は、遠い麓からも白く光って見えるらしい。

南アルプスの北部は、関東から交通の便がいいので何度か訪れていたけれど、南部は奥深いところにあるので、玄人の山というイメージだった。なかでも最南端にある光岳は、樹林のなかを長い時間歩かないと辿り着けない。そのおとなりにある聖岳《ひじりだけ》のほうが訪れる人が多いようだけど、なぜか私は光岳にある白く光る石のことが気になっていた。

なかなか行くきっかけがなかったけれど、同じように光石に興味を持っていた友人に誘われて、聖岳から光岳の縦走に出かけることになった。登山口で前泊、山中で四泊と日数がかかるので、テントと小屋泊を一日置きにして、体力を保ちながら費用も抑えることにした。

　友人は、食材で荷が重くなっても、食べることを大事にする人だ。私も最初の頃はなにより食べることをたのしみにしていたので、重くなることは気にせずに、毎日の献立に変化をつけて飽きないようにしていたけれど、最近はのんびり過ごす時間を優先したくなって、簡単にすませるようになった。

　今回は共同の夕食二回、個々の夕食二回。共同のときは一人が二人分を作る。私はいつも山で何を作っていたっけ。友人の料理は凝っていておいしいので、ハードルが上がる。困った、困った。結局、前に作ってうまくできた魯肉飯《ルーローハン》にした。友人は、買ってきたハリッサ風味のソースに、生のパプリカや缶詰の鰯を入れて、クスクスにかけた料理を作ってくれた。友人の夕食はすごくおいしかったのに、魯肉飯は前に作ったのと少し変えたせいで、ぱっとしない味になってしまいがっかりした。自

積雲と層積雲

信がなくて、既製品に頼ったせいだ。

山に入っているあいだずっと霧が出ていたので、南アルプスの山並みや富士山を見ながら歩くことはできなかったけれど、一日に数分、一回だけ約束したかのように太陽がちらりと顔を出した。私たちはそのあいだは必ず立ち止まり、空に向かって「たいよーう」と叫んで久しぶりの陽光を浴びた。

聖岳にアタックした日は強風に見舞われて、きつい斜面をかじりつくように登った。ガスに覆われて何も見えないけれど、道標に聖岳とあるからここは聖岳なのだ。真っ白で何も見えなくても、道標には三〇一三メートルと刻まれているから、ここは頂きなのだ。時計の針は六時四十八分、早朝の山頂には私たちの他にはだれもいなかった。

茶臼岳から光岳に向かう道は、ダケカンバやシラビソ、シダの群落が織りなす美しい森で、あたりに立ち込める霧のせいで、コロボックルでも潜んでいるようだった。南アルプスの最深部ではめったに人に出会わないから、よけいそんな感じがした。

深い森をぬけて、ゴロゴロした石の急登を越えると、明るくひらけた静高平《しずこうだいら》に出た。小川のせせらぎに近づくと湧き水があった。南アルプスの水は本当においしくて、どこも味わいが少し違う。利き水をしながら、どこの清水が好みか友人と言い合った。

光岳の山頂は、樹々に覆われた小さなピークで、少し先の展望ポイントから白い岩峰が見えた。光石のてっぺんに登ると、待っていたかのように雲が消えて青空が広がり、三日ぶりに視界がひらけた。深い緑から青、グレーと色を変えながら、山並みが空にとけてゆく。眼下にちらりと見えるのは、寸又川《すまたがわ》源流だろうか。

ずいぶんと奥深いところまで来たんだなと思った。

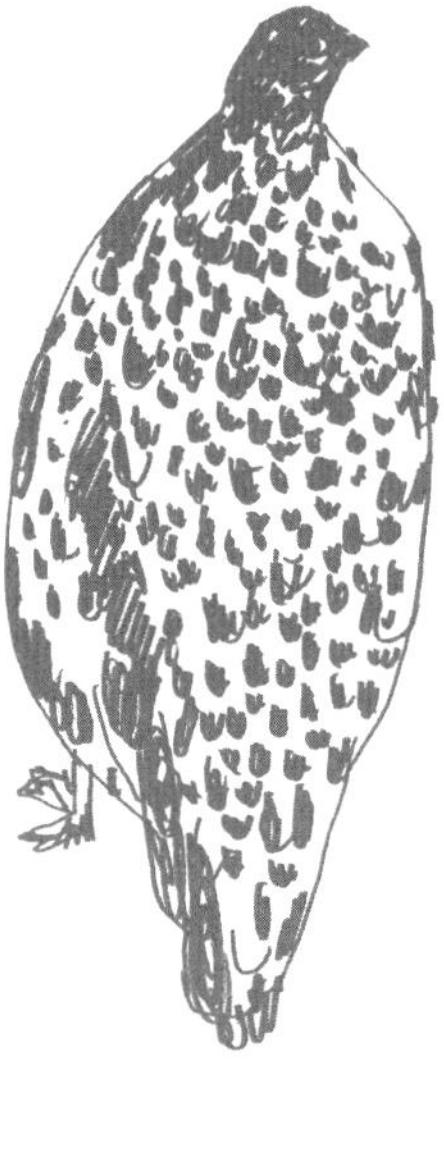

十月の雪

甲府駅発の広河原《ひろがわら》行きのバスには、運転手さんのとなりに車掌さんが乗っている。私が乗るときは六十代くらいの女性が多く、どの方も対応が清々しい。

終点の広河原までは、二時間くらいかかる。後半は山に入っていくから険しい道なのに、車掌さんはいちども座らずしっかりと立っていて、ちっともユラユラしないし、疲れた感じも見せない。

片側が崖で切れ落ちている危険な道では、すれ違うバスと無線で交信して、運転手さんとの華麗な連携プレーを披露してくれて、景観のよい場所になるとバスガイドさんの役目もこなす。

おもに登山者が乗るバスなので、山のことやこの地方の歴史について説明されるのだけど、土地に誇りを持った話し方をするので、聞いていて気持ちがいい。

「北岳に雪が降ったので、昨日は登山口でアイゼンを持っていない登山者に、入山規制をしていました。北岳に向かわれる方はいらっしゃいますか」

注意事項を伝えるときは、キビキビして、声にいっそう張りがある。

お孫さんもいそうな年齢の女性が、こんな山道を走るバスに二時間も立ちっぱなしで、車がすれ違いできない難しい道ではバスを降りて誘導し、相手のバスと無線でやりとりする姿には、ほれぼれしてしまう。

仙丈ヶ岳《せんじょうがたけ》にも、初雪が降ったそうだ。今年はだいぶ早いらしい。

軽アイゼンは持ってきた。こんな青空の下で、真新しい雪の道を歩けるなんてうれしいな。日帰りだから、バスの時間に気をつけなければ。帰りはどんな車掌さんだろう。

山に向かう私は朗らかだった。

先輩の麦草岳

この山は、中央アルプスと呼ぶよりも、木曽山脈というほうがしっくりくる。山の先輩に誘われて、縁のなかった木曽の山へ行った。

先輩は山に登るだけでなく、季節によって岩魚釣りやきのこ狩りもたのしむ山の達人だ。山で採ったというなめこの写真を見せてくださった。納豆をぐるぐるかき混ぜると糸をひいて粘り気が出るように、なめこも採ったあとにヌメヌメした成分が出るのかと思っていたら、あの姿のまま木に貼りついてヌメヌメと光っていた。採れたてはとてもおいしいらしい。

はじめて先輩に会ったときのこと。麓まで下りてきて、残雪のなかの樹々をじーっと眺めながら、山が動いているなあと言った。この時季のアルプスがはじめてだった私は、その言葉にハッとした。

標高三千メートルの世界は白銀だったけれど、山麓は雪が解けた大地の下からかすかに春の息吹を漂わせ、登山道の脇ではむくっとふきのとうが顔を出していた。つい二日前、往きに歩いた気配とも違っていて、山は一日一日動いていた。

それから私は、早春の山がすきになった。そしてあのときのような気配を感じると、「山が動いているなあ」と、さぞ自分から出た言葉のように呟いてみる。

金色に波立つススキの広がるコガラ登山口から、急坂を四時間ほど歩くと、木曽駒ヶ岳七合目避難小屋に着いた。入ってすぐの真ん中に薪ストーブがあって、先に到着していた青年がひとり、冷んやりした室内に膝を抱えて丸まっていた。となりの部屋が寝床になっていて二階もあり、掃除が行き届いた居心地のよさそうな小屋だった。

先輩が細い木を集めて火を起こすと、モクモクと煙が上がり部屋が白く包まれた。青年が心配そうに見つめている。先輩は静かに入り口の扉と窓を開け、ストーブが温まったら煙突に煙が吸い込まれていくと教えてくれた。火が安定して薪ストーブの扉を閉めると、おもしろいように煙が煙突へ流れていった。

寒々しかった部屋はしだいに暖かくなり、私たちは買ってきた焼酎でお湯わりを作り、薪ストーブの上でししゃもを焼いて食べた。

あくる朝は、麦草岳の山頂に向かった。私たち以外だれもいない静かな山道だった。樹林の急登をぬけると、木曽駒ヶ岳、中岳、宝剣岳が現れた。うしろから朝陽に照らされて、稜線がちらちら光っている。薄くパウダーをふりかけたような雪が、ケーキみたいでおいしそう。私たちが歩く道にも所々に雪がつき、冬はすぐそこまで来ていた。

山頂は、これまでの道とは似つかわしくない壮大な風景だった。どーんと御嶽山《おんたけさん》が裾野を広げ、独立峰の姿は富士山のよう。そこから右に目をやると、乗鞍岳、穂高の山々、遠く立山のほうまで見渡せた。手前には木曽の山が広がっている。

先輩はむかし、その奥行きのある山々をよく歩いたそうだ。麦草岳の頂きは、先輩にとって想い出の映像が流れる映画館のようなところなのかもしれない。

有名どころの山々を登頂するのもいいけれど、それらが美しく見える季節、時間に、静寂に包まれた山から名峰を眺めるという、贅沢なたのしみを教えてもらった。

島々谷を歩く

北アルプスの玄関口、上高地まではバスで行ける。そこまで道路が通っていなかった時代は、島々という集落から二十キロ以上歩いて、徳本峠《とくごう》を越えて上高地へ入っていた。その登山道はクラッシックルートといわれ、今も歩くことができる。長い道のりはほぼ樹林帯のなかで、名のごとく渋めのルートだ。いつか、昔の人のようにその古道を歩いて、上高地に入ってみたかった。島々谷《しましまだに》という名前にも惹かれていた。

毎年六月のはじめに催される上高地ウェストン祭に合わせて、その道を歩いてみることにした。北アルプスにもようやく遅い春が訪れた頃、新緑のなかを歩くのは、気持ちがいいだろう。明治時代、世界に日本アルプスを紹介し、日本近代登山の父ともいわれるイギリス人宣教師、ウォルター・ウェストンが歩いたクラッシックルートを通って、その季節に咲く白いニリンソウの花畑も見てみたい。

松本で友人の個展をみて、新島々駅近くの宿に泊まり、翌朝六時ごろ出発した。ふだんはひっそりしているであろう島々の登山口には、ウェストンを偲んで各地からきた登山者がつどっていたので、ひと足先に出発して歩きはじめた。

朝の陽に若い青葉が照らされて、山道が明るい。島々谷川に沿って三時間ほど歩くと、岩魚留《いわなどめ》小屋に着いた。ひとりで歩いていると長い休憩をとらないせいか、ちょくちょく止まって高山植物を眺めたり写真を撮ったりしていても、時計を見ると案外と時間が経っていない。小屋の軒で水を飲んでいると、サスペンダーに白いシャツという出立ちの初老の男性が、手に水筒を持って水場から上がってきた。ザックを置いた場所には、今はあまり見かけない木の柄のついたピッケルが置かれている。ほかにも装いがクラッシックな男性を、ちらほら見かけた。毎年この日に歩いているのかもしれない。

岩魚留から先は、ニリンソウが道の両側を埋め尽くし、花の道になっていた。徳本峠までの九十九折りをハァハァ息を切らしながら登っていたら、そのハァハァは私ではなく、ひと折れ先の道を歩く人だった。最後の急登は、息も絶え絶えに登った。

徳本峠に着くと人が大勢いて、小屋では豚汁を振るまっていた。少し上の見晴らしのよいところから姿を現した穂高岳と明神岳は、一ヶ月前より雪がだいぶ少ない。ここのテント場は眺めがいいけれど、明日のウェストン祭にむけてこれから続々やって来る人で落ち着かないだろうから、小梨平まで下りることにした。北斜面には雪が残っていたけれど、ステップが作られて歩きやすくなっていたので、アイゼンは付けずに下った。

小梨平に着いてテントの受付を済ませたあと、穂高が見える気持ちのいい場所を探して歩きまわり、梓川沿いのいちばん西の奥にテントを張った。いつも通り過ぎる小梨平でゆっくりするのは、大学時代に友だちとバンガローに泊まったとき以来。

　小梨の湯に入ったあと、梓川沿いのベンチで穂高を眺めながら夕食を作り、日が沈むまでのんびり過ごした。天気といい、新緑のなかの静かな山歩きといい、文句のつけどころがない完璧な一日だった。

　その夜、となりのテントから地響きのような大きないびきが聞こえてきた。しばらくしたら止むだろうと思っていたけれど、一向におさまらない。ようやくうとうとっとした矢先、突然テントを激しく叩く音がして飛び起きた。いびきは一層大きくなっている。

　音の発信源が私だと思って、寝れない人が起こしに来たのだろうか。真意を確かめたいけど、激しく叩く音が怖くてテントを開けられない。たぶん、反対側に幕営している外国人だ。

わかるよ、私だって眠れない、でも私じゃないから。訴えたいけど開けたくない。しばらくじっと動かず我慢した。薄い布の外には、まだ人の気配がある。いびきは鳴り止まない。またテントを叩いてきた。だから違うってば。それより地響きのもとをちゃんと確認してよ。こうなったら我慢大会だ。じっと耐えていたら、ようやく諦めて去っていった。

やがていびきもなくなって静かな夜に戻ったあとも、私だけ取り残された思いでやりきれず、しばらく鼓動が高鳴って眠れなかった。

一夜明けると、無性にいびきの疑いを晴らしたくなったので外に出てみたら、外国人のテントはすでになく、疑いを晴らすことも、テントを叩いた理由を確かめることもできなかった。夜中に移動したのだろうか。

この騒動をのぞけば、六月の上高地は観光客も登山者も少なく、静かでとてもよかった。

高取山で会ったひと

六甲全山縦走大会の日に合わせて、六甲山を端から端まで歩こうと計画していた。

十五時間以上かかるので、大会の日なら夜にヘッドライトをつけて歩いても、人がいて怖くないと思ったからだ。ならば大会にエントリーすればいいのだけど、それは少し違う気がした。ずっと気になっていた山を一日通して歩いてみたいという気持ちは、大会という感じではなかったから。

でも日が近づいてくると、ゴールを目指してそそくさと歩くのも、もったいない気がしてきた。

思い直して、一日目に須磨から再度山《ふたたびさん》まで、大会日にあたる二日目に再度山からゴールの宝塚まで、と分けることにした。これなら余裕をもって歩けるだろうから。

馬の背の手前で、同じくらいの速度で歩く青年と出会った。六甲を縦走しようと思うと、いちど市街地に下りて道路を歩く場所がいくつかある。迷うと確かめ合いながら、一定の距離を保っていた。

ひとりで歩きたかったのと、行程を考えるとペースを保ったほうがいいと思ったからなのだけど、街で数メートルあけながら歩くのは、なんだか気まずい感じがした。なによりそんな気持ちを察してか、私に合わせて距離を保っているようにみえる彼の気遣いに、申し訳なく思えてきた。どうしようか迷ったけれど、信号で一緒になったタイミングで、流れにまかせて歩くことにした。

話してみると、心を動かされたときの反応が穏やかだけど率直で、私までふわっと軽やかな気分になった。山をはじめてそんなに経ってないようだけど、登るときの足取りは若者らしく軽快だった。歩く速度も、話しをする口数も、写真を撮るタイミングも似ていたので、ここ

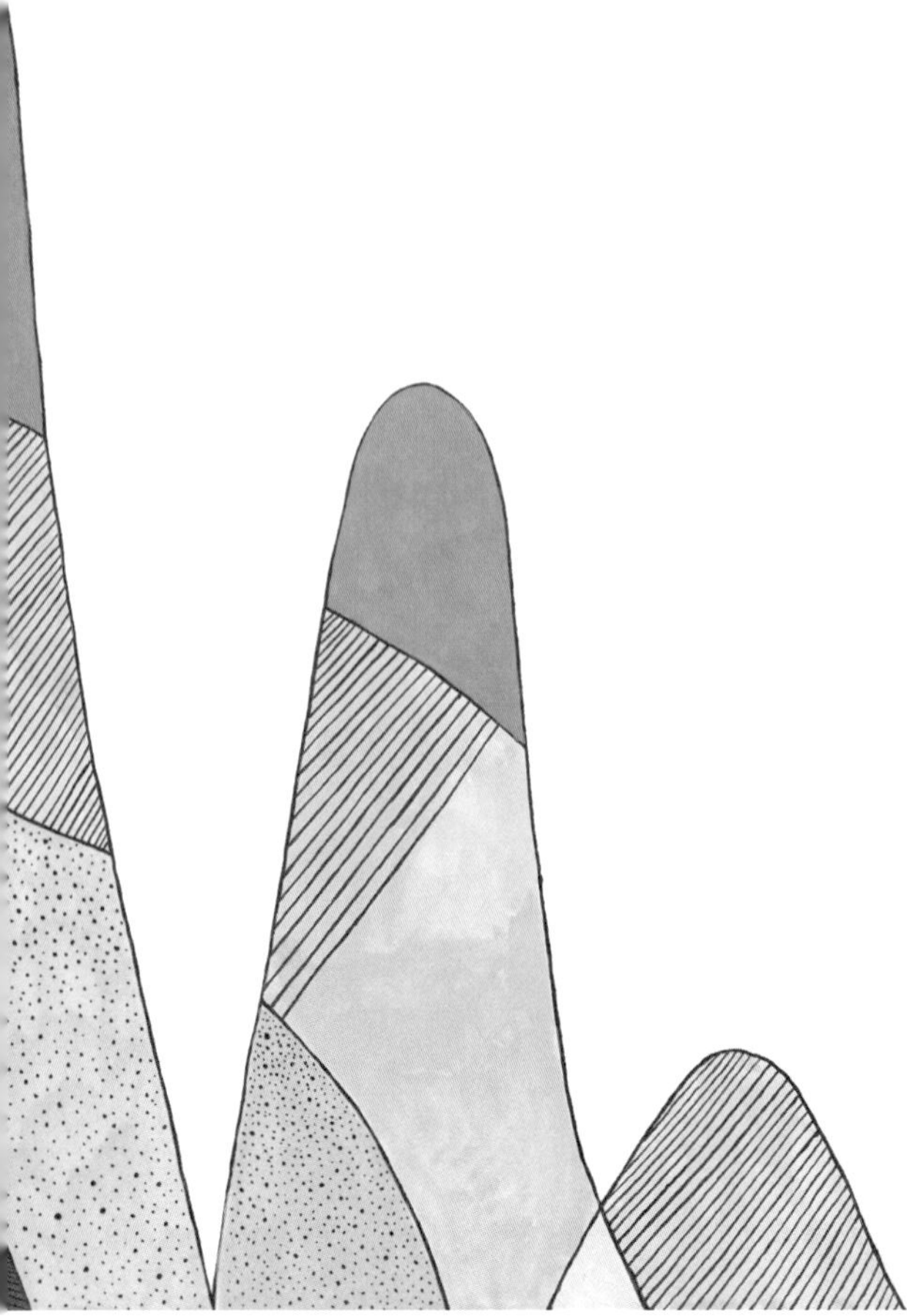

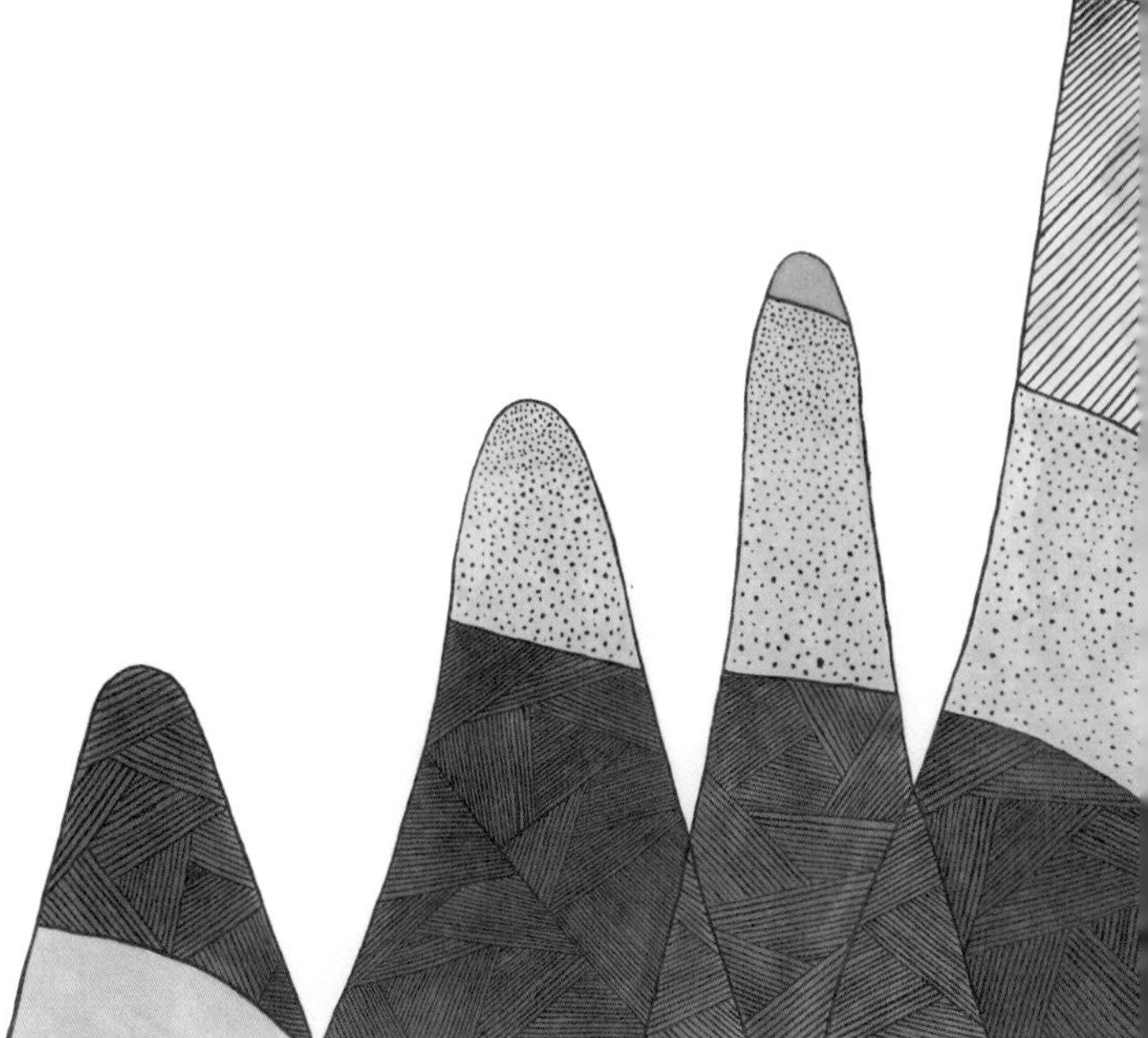

ちょく歩けた。

高取山《たかとりさん》を通り過ぎようとしたとき、五十段近い階段の登り口に、「神戸らしい眺望10選」と書かれた看板を見つけた。「登ってみる？」と聞くと、「登りましょう」と彼が言った。もう先を急がないことに決めた私は、登ってみることにした。階段の突き当たりにある金高神社でお参りして、階段を降りようと振り返ったとき、アッ、と声が重なった。

真っ赤な鳥居の先に、神戸の街と海が広がっていたのだ。巨人になったみたいに鳥居を見下ろして、足もとの風景を眺めていたら、神さまの目線はこんなだろうかと思った。

安井茶屋で下山する彼と別れ、私はまたひとり歩きになった。頑張れば予定の再度山まで行けそうだったけれど、充分な気がした。下りたら、神戸に住む友人がごはんを作って待っている。たのしみな時間をヘトヘトではもったいないので、菊水山《きくすいやま》から鈴蘭台へ下山することにした。

駅でワインを買って、その夜は久しぶりに会った友人と、おいしい夕食を味わった。明日も早いし疲れてるだろうからお酒はなしだよね、と聞く友人に、飲むよーと即答すると、目を丸くして笑った。私はもう、全山縦走するつもりはない。明日のことは、起きたら考えようと思っていた。

全山縦走大会の日は快晴だった。ゆっくり起きて、布団のなかで地図とにらめっこしなから、一〜二時間歩けそうなルートを探していたら、三ノ宮駅から再度山の山頂近くまで行くバスがあったので、そこから摩耶山《まやさん》まで歩くことにした。

お昼にと、友人がとびっきりのパンをサンドイッチにして持たせてくれた。下の神社まで一緒に散歩するという友人に合わせてぶらぶら歩き、お参りもした。予定していたバスの時刻はすっかり過ぎていた。

ハイキングをする人で賑やかなバスは、三ノ宮の繁華街をぬけると山道に入り、三十分ほどで大龍寺山門前に着いた。大会の参加者が通りを渡っている。六甲の山には車の通る道があって、登らずに散策できるコースがいくつもある。

大龍寺の前は、大会の休憩ポイントになっていて、参加者がたくさんいた。早朝五時にスタートしてここまですでに六時間くらい歩いているから、かなり疲れているようだ。

私は、参加者が立ち寄らない毎日登山発祥の碑や、長い階段の先にある大龍寺に寄ってから、紅葉と落葉の山をのんびり歩いた。市ヶ原の河原に出ると、バーベキューをする家族やピクニックをする人たちで華やいでいた。

六甲山には、昔のままの趣きを残した茶屋がいくつもある。地元の人たちは、風情のある山を気軽にたのしんでいる感じがした。

お正月の森

　実家から車で十分ほど行ったところに、寺家ふるさと村がある。お正月、家でゴロゴロしすぎて体がなまってくると、家族で出かける森だ。

　雑木林と水田の昔ながらの田園風景が残っていて、父は水田の周りを、母と兄と私は雑木林の丘に登り、尾根の突き当たりまで歩く。いつからかそれが、お正月の恒例行事になっていた。

　最初の頃は、父も丘を登っていたけれど、でこぼこの山道は足もとが不安らしく、水田の周りの平らな道だけを歩くようになった。車を停めた場所に何時集合と決めて父と別れ、私たち三人は森を歩きに丘を登る。

　八十を過ぎた両親は、年齢のわりにけっこう元気だ。その姿を見れるのがうれしいので、毎年この時間をたのしみにしている。

いつもあたりまえにあることは、あたりまえではない。この恒例行事は、いつかだれかが抜けてゆく。だからお正月に歩くと、一層ありがたい気持ちになる。

兄が歩くと心臓が苦しくなるといって、検査を受けたら重い病気だった。ゆっくりなら歩くことができるけれど、心臓に負担をかけないほうがいいそうだ。私はもう、兄とあの丘を歩くことはできないのだろうか。

こんどのお正月は、寺家の森に行くだろうか。

今は三千メートル峰に登るよりも、十分で登れるあの森を、家族みんなで歩きたい。

おわりに

山はどの季節もすばらしいのですが、しんと静まりかえった雪のなかは格別です。とくに残雪の頃、山の上は雪ですが、麓ではひっそりと芽吹きがはじまっていて、刻々と山が動いています。まだ、若葉が出てくる前です。

長くて厳しい冬を乗り越えて、今まさに生まれようとしている瞬間です。深い雪の下のまっ暗な土のなかで、じーっとこもって、その時を待っているのでしょう。そこに立ち会いたくて、小さな力を感じたくて、この時季の山を歩きたくなります。

今年もこいのぼりが泳ぐ頃、残雪の南アルプスを歩くのを、心待ちにしていました。息ぐるしい日々が続いていますが、買い物の帰り道、路地の隅っこに見つけた小さな花や、やわらかな若葉が、だんだん青々としてくる姿に、自然は立ち止まらないのだなと感心します。

今頃、あの山はどんなふうだろう。山麓では、雪が解けた土のなかから、ふきのとうが顔を出しているのかな。いつくかの季節が過ぎたあと、こんど山へ行ったら、どんなことを思うのかな。そんなことを考えながら、歩いた山のことを思い浮かべました。

山の達人でもない私ですが、この本を読んで山に行ってみたいと思った方がいらしたら、うれしいです。そのときはぜひ、しっかりしたガイドブックをお手元に。まずは山に登ったことがある人と、歩くといいかもしれません。山のたのしみは人によって違うので、一緒に歩いてその人を知るのも、おもしろいものです。

山道を歩いていると、鳥の啼く声や、木の葉がこすれる音に混じって、自分の足音が聴こえてきます。石ころや落ち葉、枯れ枝を踏みしめる音です。それがなんだか、おいしそうな音なのです。ザクッ、パリッ、シャリッ、バキッ。私は、その音に耳を傾けながら歩くのがすきです。

個展で山についての創作のきっかけをくださった、キチムの原田奈々さん、絵を描く人の文を読むのがすきだとおっしゃって、長い間根気強く見守ってくださった、リトルモアの熊谷新子さん、着彩やコラージュなどいろんな方向の絵を、美しい装丁でまとめてくださった、服部一成さん、ありがとうございました。山の案内人のような最少のことばで導いてくださったおかげで、自由に歩きまわりながらも、迷わず目的地に辿り着くことができました。熊谷さんがいなければ、こういう形にはなりませんでした。

最後になりましたが、この本に登場してくださった山の友人、山で出会った方々、いつも下山報告を待っている家族、所蔵された絵をお貸しくださった方々にも、心より感謝いたします。

少しでも早く、いつもの日が戻ってきますように。

二〇二〇年五月　川原真由美

初出
RCCの伯父を辿って　『岳人』2018年1月号
地図とトレイルと線　『球体』8号　2019年3月
雨の北八ツと双子池　『夏山2019』岳人7月号別冊
以上に掲載されたものに、加筆修正をいたしました。

p158–159の絵は、『カラー　アルプス博物誌』
（1972 / 山と渓谷社）本文中の図版をモチーフに描いたものです。

山とあめ玉と絵具箱

2020年9月9日　初版第1刷発行

著者　川原真由美

ブックデザイン　服部一成
発行者　孫家邦
発行所　株式会社リトルモア
〒151-0051 東京都渋谷区千駄ヶ谷3-56-6
電話 03-3401-1042
ファックス 03-3401-1052
info@littlemore.co.jp
www.littlemore.co.jp
印刷・製本 凸版印刷株式会社

ISBN 978-4-89815-523-3 C0095